Amor e ódio

A ambivalência da mãe

Michèle Benhaïm

Amor e ódio
A ambivalência da mãe

PREFÁCIO
Jean-Jacques Rassial

EDITOR
José Nazar

Companhia de Freud

Título Original
L'ambivalence de la mère

Editoração Eletrônica
FA - Editoração Eletrônica

Tradução
Inesita Barcellos Machado

Revisão
Sandra Regina Felgueiras

Editor Responsável
José Nazar

Rio de Janeiro, 2007

CIP-BRASIL. CATALOGAÇÃO-NA-FONTE
SINDICATO NACIONAL DOS EDITORES DE LIVRO, RJ

B414a

Benhaïm, Michèle
Amor e ódio: a ambivalência da mãe / Michèle Benhaïm; prefácio Jean-Jacques Rassial; editor José Nazar; [tradução Inesita Barcellos Machado]. – Rio de Janeiro: Cia de Freud, 2007.
112p.

Tradução de: *L'ambivalence de la mère*
Inclui bibliografia
ISBN 978-85-7724-017-3

1. Mãe e filhos. 2. Mães – Psicologia. 3. Amor materno. 4. Maternidade – Aspectos psicológicos. I. Título.

07-0343. CDD: 155.6463
CDU: 159.9:055.52-055.2

Companhia de Freud
editora

Endereço para Correspondência
Rua Barão de Sertório, 59 – casa
Tel.: (21) 2293-7166 • (21) 2293-9440
Rio Comprido - Rio de Janeiro
e-mail: ciadefreud@ism.com.br
www.ciadefreud.com.br

Sumário

a Cyril, Renaud
e Vladimir

Prefácio

A formulação de Winnicott que considera que o bom resultado da função materna estaria representado numa "good enough mother" constitui uma solução enigmática para a questão da mãe.

De fato, se a ambivalência materna não é mais considerada como uma formação patológica, mas como a própria condição da dinâmica do processo de individualização/separação, abrem-se duas séries de novas questões.

Primeiramente, porque este "enough" é mal traduzido por "suficientemente", e a língua francesa exige uma perífrase: "suficientemente, mas não muito", o que dá a esse bom resultado um estatuto ideal, mais do que precário. Michèle Benhaïm consegue dar a esta idéia um estatuto que ultrapassa a metáfora de um equilíbrio, dialetizando ponto de vista econômico, ponto de vista dinâmico e hipótese tópica. E faz isto ao remeter a questão genética para o Outro, o Outro materno.

Em segundo lugar, com freqüência negligenciamos o fato de que Winnicott, seguindo seu próprio "suficientemente freudiano, suficientemente kleiniano", não esquece a outra vertente da ambivalência materna, a assunção do ódio. Desde seus primeiros trabalhos, Michèle Benhaïm ressaltou o quanto a aptidão da mãe para aceitar seus próprios sentimentos de ódio por seu filho é uma condição para que ela não se precipite num agir que pode chegar ao infanticídio.

Além do interesse teórico, na intersecção de abordagens erroneamente colocadas como opostas, as de Winnicott, Klein, Dolto, Lacan, sob múltiplos pontos em que estas se encontram, esta obra constitui uma excelente base não somente para a psicoterapia de crianças, muitas vezes de pouca idade, mas também para a intervenção dos psicólogos nos serviços de maternidade.

Uma constatação clínica, esclarecida por Lacan e P. Aulagnier, possibilita esta ilustração: é a da mãe que, saindo da posição quase psicótica de "uma preocupação materna primária", mudança da qual comumente testemunha o dito "baby blues", e que, chegando à sua casa, ao ouvir seu filho chorar, hesita um instante antes de pensar na demanda que ele manifesta. Será que ele está chorando porque tem fome, frio, sono, ou simplesmente quer colo? A mãe muito boa responderá imediatamente, sem deixar nenhum espaço entre a demanda e a satisfação de suas necessidades, nenhum lugar para o desejo; a mãe muito cheia de ódio só responderá por uma rejeição, às vezes violenta. A mãe comum, num instante, colocará sua ambivalência a serviço de uma interpretação, através de sua própria castração, desenhando então, no vazio, este lugar do Outro primordial que pede, e pede apenas a renúncia à satisfação imediata da pulsão, participando então da humanização da criança, a conjugação de sua implicação e de sua hesitação, do fim de suas incertezas maternas, a condição de seu "trabalho" de mãe.

Michèle Benhaïm defendeu sua tese sob minha orientação em 1996, e aprecio o fato de que ela conclua esta obra com a questão do atual do materno, num estado de declínio do Nome-do-Pai, do qual, habitualmente, examinam-se apenas as conseqüências sobre a função paterna. Desde o nascimento, é a relação mãe-filho que condiciona o laço social, segundo a formulação enigmática, de Lacan desta vez, que faz da "mãe biológica" um agente essencial. Assim, este livro abre novas perspectivas de pesquisas, fortemente articuladas às da Unité de recherche psychogenèse et psychopathologie de Paris 13, para a qual Michèle Benhaïm já contribui.

Introdução

O que é a ambivalência? De que modo articulam-se amor e ódio de um ponto de vista subjetivo materno? O que é uma mãe?

Ser mãe consiste, em parte, em associar registros do sexual e do materno em relação à criança. A ambivalência materna não é um acidente da relação da mãe com o filho, mas uma necessidade estruturante cuja falta induz uma patologia e que pode evoluir para uma patologia. A iniciativa clínica não tem o objetivo, portanto, de "suprimir" a ambivalência, mas sim permitir um certo reconhecimento desta, como uma elaboração que faz com que ela se exerça de modo estruturante para a mãe e para a criança.

A ambivalência se revelará "negativa" ou "positiva", ou ainda o ódio será "destruidor" e mortífero, ou vital e "estruturante". Suporemos o ponto de origem deste ódio na mãe e não na criança. A partir daí coloca-se então a questão de saber o que se enoda psiquicamente na relação de uma mãe com seu filho e que verá este ódio originário resolver-se seja como ódio vital, isto é, simbolizar-se como amor materno, seja como ódio patológico, isto é, evoluir no registro do "abandono".

Todas as vezes em que se encontra uma impossibilidade de simbolização deste ódio originário como amor materno, a análise da mãe nos conduz a um obstáculo na elaboração da posição narcísica desta última, a uma relação particular com a castração, ou seja, à superposição de um luto não realizável e uma perda não integrável.

O AMOR MATERNO

O amor materno, o "verdadeiro", é o mito de um amor pacificado, não ambivalente, inteiramente devotado ao objeto. A criança submersa num processo de sobrevivência pode, num sintoma, pedir clemência e salvar assim seu desejo. Tais são as devastações do amor materno.

A mãe não ambivalente, não cheia de ódio, pode sonhar com um filho que não precisaria de mais nada, confundindo assim necessidade e desejo: um filho então suprido que, em troca, pode desejar apenas suprir as esperanças da mãe, sendo a primeira esperança talvez a de ser suprido por ela. O que falha então é uma "suspensão" de mãe, não um silêncio materno.

Tendo o tempo feliz mãe-filho sido tomado pela vida de par, a questão do pai se introduz: não se trata nela de *clivar* a mulher da mãe e do filho, mas de *separar* o par mãe-filho. A clivagem corta e desconecta. A separação autoriza a isso, já que ela contém, na nascente, a possibilidade dos *reencontros*, o que a torna possível, desejável e necessariamente vital.

Fazer de seu filho um objeto real no fantasma materno é, ao lado do amor narcísico primário que tem sua origem na coesão e na segurança e que torna a criança um revelador da perda interior necessária, estabelecer uma relação, um amor fundado no Gozo, amor que visa finalmente dominar aquilo de que a mãe é objeto submetido. Em troca, a criança, fazendo eco, cativa do gozo de sua mãe, parece estar por sua vez submetida a um gozo insubjetivável e se cala, isto é, deixa de chamar o Outro dos cuidados maternos. A criança dita "mártir" poderia ser, segundo esta hipótese, aquela que está submetida, que se constituiu como objeto da destruição deste Outro do gozo.

No interior desta relação de poder que é a relação mãe-filho, a *ambivalência* se revelará *positiva* ou *negativa*. Aquilo de que poderia se originar a ambivalência dita "positiva" diria respeito a uma mãe que não estaria submersa de angústia pela demanda da criança e que poderia alimentá-la, nem demais, nem pouco demais. Dito de outro modo, nem imaginário especularizado, nem real não integrável, nem "pura" necessidade, a fome da criança seria recebida como uma realidade exterior simbolizável para ambos. A ambivalência toma aspectos ditos "negativos" se a criança sofre muitas decepções, quando sua demanda angustia excessivamente a mãe e quando esta angústia invade os dois: o corpo adota então uma imagem de corpo morto. Se nada é simbolizado, vem à luz uma hiperidealização com o objetivo de contornar o ódio necessário como estruturante do amor: *o ódio é o que poderia estruturar o amor materno como um amor que autorizaria a criança a viver.*

A ambivalência é positiva no que oferece à função paterna o espaço e o tempo de permitir o corte, a separação do que nos faz viver, mas que nos faria morrer se dele não nos separássemos. Na falta disto, a separação torna-se impossível, o estado de fusão é mantido, estado em que mãe e filho se confundem e em que amor e ódio se fundem. É o confronto apenas com o ódio que é destruidor para a mãe e coloca a criança numa impossibilidade de simbolizar seus próprios sentimentos de amor/ódio. A mãe é destruída por aquilo que a demanda da criança contém de justamente vital, e a relação explode. Por outro lado, se o amor da mãe não permanece "incondicional", a criança pode, sem perigo, projetar aí sua própria violência e simbolizá-la. A "condição" equivale à castração. O amor "condicional" é um amor não indiferente, o que contém em si o ódio vital, possibilitando significar à criança que podemos amar sem perigo, isto é, sem sermos obrigados a destruir.

Uma função vital: interditar o incesto

A função, a palavra materna necessita, para se exercer sem muita angústia, de uma continuidade. Permanência sempre ameaçada de rupturas, até mesmo de fraturas, pela própria demanda da criança em geral e por aquilo que pode revelar ou simbolizar a ruptura ou a fratura (doenças, sintomas da criança, partidas, desmame... morte) particularmente. Isto porque aí não nos encontramos mais na elaboração de um reconhecimento do ódio vital, mas num confronto com o ódio destruidor, que poderia igualmente dizer-se *real do ódio*. Se o ódio vital origina-se da perda, da castração, o ódio destruidor repousa na ausência, no vazio (sem palavras, sem "explicações", sem razão) insuportável e injusto.

A perda é simbólica e subjetivamente necessária a ambos (mãe *e* filho). É inerente à continuidade e à permanência da função, da palavra materna. O vazio interrompe a continuidade. Ao não querer ou por não poder integrar a idéia da perda, despedaçamo-nos na parede do vazio, da ausência-toda, e neste não-lugar podem se imobilizar o pensamento, para um, o desenvolvimento, para o outro.

Sempre que a realidade exterior vem significar ou lembrar a perda, uma "escolha" materna deve efetuar-se: ou a mãe permite, em sua palavra, integrar esses elementos da realidade e, portanto, simbolizar a perda, isto é, fazer emergir de um corpo-morto a palavra, em seguida da palavra-som a palavra-fala, para que cada um possa sublimá-la, isto é, transformá-la, ou ela é invadida e reinstala o par mãe-filho no Imaginário, o espelho da fusão, a ilusão do "corpo no corpo", o fantasma de fazer um com dois.

É PRECISO SIMBOLIZAR UMA VIVÊNCIA DESTRUTIVA

Nomeando aquilo que do ódio vital inscreve-se imediatamente no amor materno, algo do aspecto da vida e da morte pode inscrever-se no simbólico em vez de ser mortífero. Um olhar materno vazio acarretará uma confusão no bebê então submerso pela pulsão de morte. Talvez este seja um dos aspectos cobertos pela "alienação desumanizante" de Lacan[1].

Trata-se, dando a vida, não somente de fazer o luto do filho trazido no útero, mas também *daquele que acaba de nascer.*

Se a gravidez, na medida em que a espera de um bebê supõe que, por um tempo, o princípio de prazer sobrepuje o princípio de realidade, pode originar-se de um encantamento, a ruptura inerente ao colocar no mundo vem de uma dupla perda: a deste estado de encantamento, isto é, de superposição totalmente singular e excepcional dos registros imaginário e real, e a do objeto. Um defeito de reconhecimento, de elaboração dessas rupturas pode impedir que a mãe estabeleça laços entre este filho que ela traz em si, aquele que ela é, aquele que ela carregou, aquele que apareceu e, enfim, aquele com quem ela se preocupa. O processo que consistiria em integrar essas perdas deveria passar por uma abordagem da maternidade sob o ângulo da relação que pode continuar com a satisfação do desejo da

---

1 J. Lacan, 1955-1956, *Le Séminaire*, Livro III, *Les Psychoses*, Paris, Le Seuil, 1981.

mulher ao mesmo tempo que sob os arranjos convocados pela nova realidade. Reconhecimento de um compromisso a ser negociado entre as exigências do fantasma e as da realidade.

A filha que a mãe foi ou é ainda faz apelo a "uma força de morte: a que consiste em matar a criança maravilhosa (ou aterrorizante) que, de geração em geração, testemunha os sonhos e desejos dos pais[2]". "Criança maravilhosa", "criança-rei", "(criança-morta)", "narcisismo primário", a criança em nós se inscreve na nostalgia do olhar materno.

Quando Serge Leclaire evoca esses casos em que a questão ressoa nas próprias crianças do sujeito – mortes neonatais, problemas de má-formação, crianças nascidas antes do termo, crianças acometidas muito precocemente por doenças gravíssimas ou raras, acidentes infantis provindos de uma quase-passagem ao ato fatal –, ele indica o lugar em que a representação narcísica primária vira para a realidade. Por não resolver (através da análise, no caso) a questão da criança a matar, uma criança morre no real.

Dito de outro modo, a vida da criança, do sujeito falante e desejante, origina-se no desabamento do sonho materno. A vida se funda no "sacrifício" de um ou de outro, ou, mais exatamente, no sonho de um ou de outro. A criança será sempre o suporte de predileção daquilo a que os pais tiveram que renunciar.

No lugar da "{criança-morta}[3]", o sujeito emerge, advém e o Nome se inscreve. A perda faz falar, a morte ao desejo da mãe permite ao sujeito manter essa palavra.

A eventualidade de uma criança que vai nascer parece reatualizar esta perda na mãe e introduzi-la no reconhecimento desta perda que marca seu corpo e sua história. Todo desejo e toda espera de uma criança parecem passar por este retorno, o da representação da criança do narcisismo parental. Na falta deste, se o "mata-se uma criança" ou a {criança-morta} não inauguram o nascimento, confrontamo-nos com a espera de uma criança reduzida a um retorno do semelhante que deixa pressagiar uma captura deste último seja na rede da psicose, seja nas redes mais radicais da morte na realidade.

---

2 S. Leclaire, *On tue un enfant*, Paris, Le Seuil, Coll. "Points", 1975.

3 J. Hassoun, *Fragments de langue maternelle, Esquisse d'un lieu*, Paris, Payot, 1979.

Se nada vem em auxílio da simbolização dessas passagens de uma relação a outra, passagens pontuadas de lutos e "renascimentos", a mãe pode se petrificar no curso de seus pensamentos e permanecer prisioneira de uma criança à qual ela seria tão essencial quanto a criança lhe seria vital. Aqui, ao mesmo tempo que faz a abstração de um amor por si mesma, ela se mantém fora do movimento de ódio sempre em jogo na afirmação de si, isto é, de seu desejo, e no processo que conduz à separação. Espaço de amor e de ódio vitais, necessário e estruturante, que, apenas quando inscrito nesta ambivalência, poderá reconhecer a diferenciação como essencial: somente quando a separação se dá, ambos, mãe e filho, podem estabelecer uma relação objetal.

Se uma parte do processo de perda permanece confinado no campo do não-elaborável, o movimento de ódio não pode se engajar, ou engaja-se em excesso. O movimento ambivalente de amor e de ódio em relação a esta criança, reconhecida assim como outro, não engendraria a separação, mas, ao contrário, esta criança, que corre o risco de mostrar-se já separada, rompendo brutalmente o charme do encantamento, só poderia ser odiada, e até mesmo destruída ao mesmo tempo que ameaça destruir sua mãe.

A mãe "suficientemente cheia de ódio"

"E a mãe, fechando o livro dos deveres,
Ia-se satisfeita e orgulhosa, sem ver,
Nos olhos azuis e sob a fronte cheia de saliências,
A alma de seu filho entregue às repugnâncias".
Arthur Rimbaud

O real do ódio é o impossível da fusão

A clínica revelará que é em sua dimensão imaginária que o ódio pode constituir um ponto de impasse, não em sua dimensão simbólica. Mantido fora do campo do desejo, o ódio parece permanecer essencialmente narcísico, não tendo outra função além de mascarar a castração lembrada à mãe pela alteridade da criança.

Uma mulher pode encontrar-se e permanecer na loucura de um gozo materno que o parto a obriga a atravessar. Isto porque, quando corpo sai do corpo, o real é avizinhado. A metáfora paterna vem temperar este laço e auxiliar na necessária desfusão com a criança. Na falta disto, a mãe permanece cativa de um fascínio: o da "criança-morta".

Do impossível da fusão mãe/filho emergiria o que se encontra enodado do lado de um ódio imaginário que, enquanto tal, adiantou-se ao amor. Da integração (reconhecimento e ultrapassamento num retorno ao feminino) da necessária desfusão subsistiria o "ódio suficientemente bom" simbólico, aquele que faz com que a agressividade não entre no registro da violência. É o processo da desilusão que procede da desfusão. Progressivamente, em nuances, a ilusão, para a criança, de estar unida à mãe, a ilusão em eco, para a mãe, de fazer um com o filho se perdem e preparam a criança para a "capacidade de estar só", isto é, inteira, outra e sexuada.

O nascimento, naquilo que comporta de violento, pode constituir um trauma para a mãe, e a criança pode ser um tapa-buraco desta última, incapaz de cuidar dela, de reconhecê-la em sua alteridade e em sua totalidade. Assim, a criança conserva seu estatuto de objeto parcial, e até mesmo de objeto "real".

O outro traumatismo do nascimento: o parto

Se a perda induz o luto, a falta inaugura o nascimento.

O ódio, sobre o qual supomos atravessar todo amor materno, poderia repousar e originar-se nessas violências às quais são submetidas as mulheres quando dão à luz uma criança. Ele evoluirá no registro imaginário se, no fantasma materno, o lugar destinado à criança corresponder ao do objeto parcial, objeto de posse, e até mesmo o de objeto real, objeto exclusivo de seu próprio desejo, que viria negar aquilo que foi identificado como uma perda, ou então preencher o "vazio" evocado pelas mães em sofrimento. Conterá, ao contrário, uma função de simbolização se a criança, certamente investida pela mãe, mas como objeto total, isto é, radicalmente outra, parar de ser referida a seu desejo. O ódio simbólico é, então, aquele que possibilita à mãe elaborar, re-elaborar, perlaborar não mais a perda no real, mas a falta estrutural, e fazer com que seu desejo recomece a encontrar meia-satisfação junto a um outro além da criança, outro em geral representado pelo pai desta. Dito de outro modo, que o desejo da criança por sua mãe seja marcado pela lei do desejo atual, o de um adulto.

A violência, que se aproxima do trauma e que o parto poderia representar para uma mulher, pode deixar esta última numa luta com um transtorno não elaborável, numa grande fragilidade subjetiva e fazer com que ela necessite de um acompanhamento psicoterapêutico. Este poderia repousar no reconhecimento, na travessia e no ultrapassamento do fantasma de morte da criança, da idéia do sacrifício, na simbolização de um ódio imaginário dirigido contra a criança, tornada culpada do estado de mãe, num ódio vital e estruturante, possibilitando que a separação simbólica da criança se sobreponha ao corte real que é o parto. Simbolização de uma violência dos afetos maternos, que podem transbordar numa violência comportamental com relação à criança, numa agressividade que mantém mãe e filho fora de perigo. Este caminho, este investimento da criança deste modo é reconvocado em cada etapa de seu desenvolvimento.

Efetivamente, se a relação do ser humano com sua mãe for mesmo a fonte de sua própria existência, ficamos tentados a acrescentar que a relação da mãe com seu filho pode ser o elemento que vem autenticar sua própria existência. E se a mãe é portadora da identidade em formação do bebê, este último, em troca, pode conferir uma identidade à sua mãe. A função da mãe nos primeiros tempos da vida será a de assumir o narcisismo de base da criança, fundamento de toda construção do sujeito. Podemos definir a partir daí o laço que une o bebê à sua mãe como um laço narcisante. Por sua vez, o bebê poderá solidificar o narcisismo materno, confortá-lo, alimentá-lo, até mesmo rigidificá-lo, ou, ao contrário, feri-lo, atingi-lo, matá-lo. Outros tantos elementos para significar o quanto separar-se de tal objeto pode gerar dificuldades e dores.

Este tempo de relação primeira é chamado por Dolto de "díade", numa continuidade/descontinuidade com o tempo da "simbiose" que qualifica a época uterina. Se a simbiose mantém mãe e filho unidos num laço de dependência vital para a criança que vai nascer, a díade prediz a descontinuidade, constatando a sobrevivência da criança na ausência da mãe na medida em que esta é alternada com sua presença.

Há mães que sustentam mais ou menos o narcisismo da criança em função de sua propensão a ajudá-las no ultrapassamento das provas de "castração". Trabalho difícil "quando, faminta, ela a acalmou, quando, angustiada, ela a consolou, a criança se sente como que se tornando a mãe, mas é a ela também que a criança deve renunciar[1]". Tanto quanto a mãe deve paralelamente renunciar ao filho como objeto parcial que lhe pertenceria e de que ela poderia fazer uso segundo seus "caprichos". Renunciar ao filho implica que ela aceite a castração de seus gozos arcaicos em relação a ele para não atrasar ou impedir a fase edípica. Se a castração é certamente "humanizadora", veremos que seus efeitos, por mais "simbolígenos" que sejam, podem gerar na mãe perigosos remanejamentos psíquicos.

[1] F. Dolto, *L'image inconsciente du corps*, Paris, Le Seuil, 1984.

O fenômeno de castração é um lugar em que se apóiam a operação simbólica e a humanizadora. A operação que consiste em privar a pulsão de satisfação imediata com o objeto visado pode tomar a via da sublimação, mas também a do recalque de modo neurótico, ou ainda a via perversa, na qual aquilo que foi certamente permitido de uma simbolização não faz, entretanto, referência à lei para todos. Assim, são necessárias condições para que a operação atinja efetivamente seus objetivos de humanização e de simbolização. O esquema corporal da criança deve ser capaz de suportá-la. Dito de outra forma, uma criança, para poder separar-se de um corpo a corpo com a mãe, deve, antes de tudo, ter estado ali para não ter que passar por uma regressão no momento em que esta separação se faz necessária. O adulto que propõe a "desprivação" deve estar animado por um "amor casto". Ele não poderia, de fato, propor ao mesmo tempo um limite e deduzir que tudo é permitido, ele mesmo não estando sujeito à lei para todos. O desejo assim frustrado deve, entretanto, ser reconhecido, nomeado, e não negado ou desvalorizado. Isto significa que o interdito deve implicitamente comportar uma promessa de satisfação diferida. Finalmente, mesmo supondo que todas essas condições sejam atendidas, ainda se sustenta o fato de que a castração permaneça como conflitual e que ela não possa se realizar fora da palavra.

Se a castração vem de uma privação ao mesmo tempo real e simbólica que atinge um objeto até então erotizado e com acesso repentinamente proibido, pode-se dizer que a criança pode representar tal objeto para a mãe, isto é, ser eroticamente investida por ela, e a separação necessária pode então sobrepor-se a uma castração, isto é, a uma privação real e simbólica ao mesmo tempo.

Castrações maternas

Nascimento

De um ponto de vista materno, o corte umbilical diz respeito tanto à mãe quanto ao bebê. Efetivamente, a placenta está perdida para todos.

Se a questão psíquica do parto é vivida apenas como perda real, isto é, do lado da privação propriamente dita, o ato de parir permanece como "passagem ao ato" e corre o risco de nunca tornar-se "dar à luz", isto é, momento simbólico, fonte de vitalidade para o narcisismo materno, compensatório da violência psíquica e da dor física.

Desmame

O desejo do seio é proibido à criança, o desejo de dar o seio é proibido à mãe, a criança fica privada do seio, o seio fica privado da criança.

Se este tempo de ruptura corresponde, em seu aspecto real, para a criança, a uma separação de uma parte de si mesma que se alojava no corpo da mãe, ele remete a mãe a uma separação do objeto filho ainda investido como parte dela mesma, sobretudo se a díade não acabou com a simbiose e a passagem do "corpo no corpo" ao "corpo a corpo" permaneceu problemática. Na clínica, não faltam exemplos em que o desmame é um momento muito mais doloroso, conflitual e até mesmo angustiante, tanto para a mãe quanto para o filho. O que vai compensar a perda, o interdito colocado pelo corpo a corpo, é a linguagem, isto é, a possibilidade para ela de comunicar-se de outro modo além dos cuidados corporais com seu filho. O desmame da criança está condicionado, assim parecem indicar os relatos clínicos, à sua aceitação primeiramente pela mãe. O benefício simbólico concedido à criança é o de que, assim separada do absolutamente vital materno, ela possa voltar-se para outrem. Diremos igualmente que o benefício simbólico concedido à mãe faz com que, separada da exclusividade todo-poderosa, ela possa se lembrar da existência de outrem.

Limpeza

Para a criança, o acesso ao estágio anal tem o valor de uma nova separação e parece corresponder, para a mãe, a um segundo desmame.

Confirma-se o fato de que a criança, para sobreviver, não precisa inscrever-se na exclusividade de seu poder materno. Percebemos aqui ainda mais o quanto será difícil para uma mãe que possuir uma identidade quase unicamente pelo fato de ser mãe, por ter um filho achando que realmente o "tem", acompanhar esta nova desprivação real de seus reversos simbólicos, autorizar a criança a estabelecer novas relações, autorizando-se e tendo prazer em (re)encontrar as suas próprias.

O trajeto que conduz do nascimento ao caminhar, depois ao falar e à autonomia que progride ao longo dessas etapas contém balizas tanto interditoras quanto promissoras e libertadoras: as castrações sustentadas pela palavra daquela que as pronuncia, que as significa para a criança. Vemos assim a criança passar de um objeto para outro, de uma atividade para outra. Paralelamente, esse percurso implica para a mãe adaptar-se, a cada etapa, a um novo modo de relação.

Do "corpo no corpo" ao "corpo a corpo", ao "corpo autônomo", como continuidade, podemos, ao contrário, assistir em algumas mães a estagnações intransponíveis. A modificação da relação com este outro que é a criança segue uma modificação do trajeto pulsional. Para a mãe, tanto quanto para a criança, essa estagnação pode significar um ponto de fixação. Nessa estagnação no fazer um, nesse fantasma de unidade e de gozo-todo repousam sintomas graves em que não é preciso falar com o outro, dirigir a ele a palavra para dele tudo saber [*savoir*], "ver-isso" [*ça-voir*]. Sobre o desmame pode repousar a anorexia do bebê que salva aqui seu desejo de sujeito às custas do sacrifício de uma necessidade vital. Sobre a falha de sublimação do desejo anal elaboram-se todas as manifestações somáticas e sintomáticas relativas ao "fazer".

Na medida em que o bebê, e depois a criança, perde uma mamãe que faz tudo, a mãe perde um bebê e/ou uma criança que precisa de tudo e sobretudo que precisa dela para tudo. O que vai faltar é a dependência materna à dependência da criança. Como agora viver um com o outro, e não mais um para o outro, um pelo outro?

Assim se humaniza, se aprende e se edifica o desejo. Numa sucessão de perdas e de reencontros, isto é, sobre a falta. É porque nem um nem outro poderia preencher e ser preenchido que eles se dirigirão a palavra.

De que modo o conceito de ódio inscreve sua marca nesta dinâmica simbólico-real? Do lado do ódio dito simbólico, talvez justamente fazendo com que a desprivação real passe a ser um ganho de originalidade compensatória e construtiva. A "mãe suficientemente cheia de ódio" faz laço na partilha: entre a mulher e a mãe e, no interior deste segundo campo, entre a ama e a mãe. O "suficientemente" implicaria que o ódio seja necessário para toda separação. Como e por que deixar partir alguém que só poderíamos amar? Para odiá-lo, é preciso que no início o tenhamos amado e para separar-se dele é preciso que, apesar desse amor, possamos odiá-lo. Tal poderia ser a dinâmica da ambivalência materna com relação à criança e o trajeto psíquico a adotar e a re-adotar para transformar os ódios insondáveis, entretanto reais, em fontes de coesão e de cumplicidade.

A "mãe suficientemente boa" bem como a "mãe suficientemente cheia de ódio" recobrem um ser mãe de modo limitado, isto é, já antes cortada da mulher que ela não era. Nesta distância, o simbólico funda-se sobre um terceiro e a criança não poderia representar este terceiro. A problemática das esterilidades de origem psicológica é testemunho talvez daquilo que a criança terceiro tem de inconcebível propriamente falando.

O acompanhamento com o objetivo de trazer à luz este imaginário materno no qual a criança irá se inscrever de um modo ou de outro deveria começar por uma escuta atenta do que se enuncia durante a gravidez. Os sonhos e discursos nos quais a criança toma corpo a partir de então falam das apreensões das mulheres de esperar uma criança morta ou louca. Não se deveria ler aí que morta significa imortal e louca, não castrada? E re-introduzir na espera a ambivalência que permite à criança ser objeto de um desejo ao mesmo tempo mortífero e vivo? Senão, quando advier a separação a mãe pode, desamparada, perder-se e perder sua identidade.

A mãe suficientemente cheia de ódio vê seu amor opor-se a todos os excessos. É uma mãe não excessiva que inventa um laço com a criança que se sustenta numa permanência, espaço relacional em que é permitido à criança desembaraçar-se da "preocupação" de sua mãe e a esta última "curar-se" disto. Se não ocorrer assim, ali onde a interpretação materna "fracassa", permanece, imutável, um grito que, por não poder tornar-se palavra, torna-se sintoma.

A criança, ela, permanece perfeita, imortal e todo-poderosa, mágica e ilimitada, filha de uma mãe irreparável e inconsolável.

Psicogênese da mãe

Infans

Pode-se supor que uma criança carregada nove meses tenha se revestido dos aspectos de objeto interior essencial para o corpo da mãe. Os investimentos desta última devem passar deste objeto interior que favorecia um certo retraimento narcísico, uma certa gratificação narcísica, para um objeto exterior, novo. É esta mesma passagem, esta inevitável transição, que corresponde ao nascimento e que requer o estabelecimento de um novo equilíbrio relacional sem prejuízo nem de um, nem de outro.

Rupturas e re-rupturas na ruptura. Trata-se, num primeiro tempo, de avaliar aquela que tem relação com o laço narcísico com a criança, objeto interior da mãe, nessas "certezas do corpo que são a gravidez, o parto, o aleitamento, o laço corporal com a criança, imaginada e prometida e em seguida, ao termo de uma longa espera, realizada no corpo, feto e depois bebê, passando por ele, depois fora dele, próxima a ele...[2]".

Tão perto, tão longe...

Assim, a criança solicitada de modos tão diversos faz finalmente irrupção ao termo de uma distribuição e de uma redistribuição de apostas, de um arranjo e de um rearranjo de seu lugar e de seu sentido.

O conceito de "desinvestimento materno[3]" corresponde a esse tempo em que o desejo da mãe tem como objetivo, para satisfazer-se, um outro objeto além da criança. Ele se opõe diretamente à "unidade narcísica primária[4]", que parece se sobrepor à nossa evocação da criança como objeto interior essencial ao corpo da mãe. Situado desde o nascimento, ele constitui as premissas do conflito edípico, já com sua estrutura. Efetivamente, o que vai possibilitar à mãe progressivamente emergir desta "unidade" é certamente a "castração umbilical[5]", mas também a atualidade de suas relações sexuais.

Este tempo da díade que vem imediatamente após a simbiose é chamado de "édipo precoce" porque para desinvestir a criança deste modo "narcísico primário" a introdução de um terceiro é, desde já, inexorável. Pois é sem dúvida desde o início que a criança encontra os objetos do dese-

---

[2] C. Revault d'Allones (1991), *Être, faire, avoir un enfant*, Paris, Petite Bibliothèque Payot, "Documents", 1994.

[3] Ph. Gutton, "Essai sur le narcissisme primaire en clinique du nourrisson", *Psychanalyse à l'Université*, t. 4, nº 16, 1979, pp. 697-709.

[4] Ph. Gutton, *ibid.*

[5] F. Dolto, *L'image inconsciente du corps*, Paris, Le Seuil, 1984.

jo de sua mãe. Desinvestir a criança não poderia ser confundido com um abandono ou com uma ausência de olhar, mas com um outro olhar para ela e para o que ela representa.

A tarefa fica ainda mais complicada pelo fato de que a criança recém-nascida se comporta exatamente como se não conhecesse a falta, como se estivesse numa relação de gozo absoluto com a mãe, isto é, como se a mãe a completasse realmente. No entanto, evidentemente, o recém-nascido, como todo sujeito, é um ser de linguagem, ainda que fosse apenas pela palavra exterior enunciada a seu respeito. Então, ele passa imediatamente pela experiência da falta, já que a linguagem é insuficiente para dizer quem somos. Aliás, o recém-nascido grita. É porque não está preenchido. Com o grito, ele dirige à mãe um apelo e ela, em contrapartida, põe uma mensagem nesse grito.

Neste pós-parto (ampliado), a "prevalência pré-edípica apaga-se em benefício de uma organização edípica[6]". Primeiramente objeto de desejo da mãe, o sujeito deverá fazer para si um lugar na linguagem, inscrever-se aí, e assim estruturar-se justamente no modelo edípico. É porque a presença/ausência do objeto dado se repete que a criança começa e continua a falar.

O que a mãe re-encena nesse tempo "diádico"?

A primeira relação objetal com a criança funda-se num modo regressivo necessariamente induzido pela preocupação materna primária, no modelo edípico no qual está enodada a primeira relação da mãe com sua própria mãe. Este caminho é sempre singular.

Quanto menos a mãe "sabe" o desejo da criança, mais esta emerge como sujeito desejante. Essa passagem da interpretação do grito à escuta de uma palavra equivale à passagem do registro Imaginário ao registro Simbólico, de uma relação pré-genital a uma relação genital, e corresponde àquilo que, do corpo a corpo, apaga-se, para dar lugar ao corpo autônomo.

Passagem que apenas a "metáfora paterna" autoriza, significando para a criança que ela não é o primeiro significante da cadeia, que ela "transcende a subjetividade da mãe", ou seja, que ela é um elo numa filiação e que é

---

6 Ph. Gutton, "Essai sur l'économie de la relation mère-nourrisson", *Psychanalyse à l'Université.*

nascida de uma aliança. Assim, "o bebê no espaço psíquico materno cede seu lugar à sua própria representação[7]".

Do mesmo modo que a criança elaborará a ausência da mãe representando-a num espaço psíquico de transição, eventualmente através de um objeto que não simbolizará nem a criança, nem a mãe, mas este espaço que as mantém ao mesmo tempo suficientemente próximas e suficientemente afastadas, a mãe suportará a ausência de seu bebê porque, podendo representar-se o bebê, ou seja, fantasmá-lo, ela distinguirá o campo do desinvestimento do campo da separação, bem como o campo da separação do campo da morte. "A passagem da criança, objeto parcial, à criança objeto total para a mãe é o reflexo de sua mutação de unidade narcísica para a problemática da castração[8]".

Assim sendo, ninguém completou ninguém porque um pode sobreviver à ausência do outro. E, se ninguém é completado, a mãe ainda precisa encontrar sexualmente o "pai", e a criança, assim desinvestida, terá que estabelecer outras relações objetais.

Trata-se aí de uma mudança de posição subjetiva materna, concomitante a uma mudança de estatuto da criança, elaborando-se, tanto um quanto outro, um com o outro, um pelo outro, numa nova cena em que, para ser dois, é preciso ser três. Essa mudança de posição corresponde a uma primeira dissociação do sexual e do materno em relação à criança, pelo viés do "pai", figura deste outro que frustrou a criança do desejo de sua mãe.

Este processo não ocorre sem desordens, e é por isso que deve ser "resolvido" num conflito, o édipo propriamente dito. Complexo tão caótico que o primeiro desinvestimento não ocorre por si só para a mãe, levando-a a uma errância em que nenhum objeto, nem a criança que já se afasta de seu seio, nem o "pai", que já não tem o peso necessário, poderá, se não preencher, pelo menos apaziguar.

Assim, o édipo precoce toma toda sua dimensão se o considerarmos como esse tempo de passagem que faz laço (ou ruptura) entre o desinvesti-

---

[7] Ph. Gutton, *ibid.*

[8] Ph. Gutton, *ibid.*

mento recíproco mãe/filho (fim da unidade narcísica primária) e a entrada no conflito edípico. O primeiro pressagia o "bom" desenvolvimento do segundo.

A libido da criança opõe-se imediatamente ao desejo sexual materno. Tempo de passagem que interina a evolução das modificações corporais para a mãe, que vê reaparecer, com o retorno das regras, o traço de sua feminilidade e da falta. Tempo de passagem igualmente orientado pelas questões psíquicas da paternidade. Efetivamente, se a mãe deve tornar-se de novo uma mulher, o pai deve tornar-se de novo um homem. Caminho que requer que tanto um quanto outro acabem com a regressão que leva à confusão, para um *e* para outro, do materno e do sexual, e à qual a nova configuração (o casal parental de um bebê) os convoca. Enfim, esse tempo de passagem se efetua num espaço psíquico que bem poderia corresponder ao espaço transicional, conceito que possibilita diferenciar separação e desinvestimento materno.

A mãe não se ausenta para a criança, não a abandona, está presente de outro modo, ela a olha com outro olhar. Ou seja, deixa de "seduzi-la". A mudança de posição não corresponde um distanciamento, mas a um deslocamento do desejo. Na falta disso, a díade, admitindo-se que tenha sucedido à simbiose, prossegue, a falta é negada e mãe e filho esgotam-se tentando restabelecer a continuidade, esgotam-se na busca da unidade perdida, esgotam-se, finalmente, falando do impossível do incesto mãe/filho, geralmente em favor de um compromisso metafórico do real de um ódio não elaborável e não simbolizado: o sintoma.

Édipo

Se até aqui tudo decorreu sem muitos choques, se mãe e filho saíram ilesos dessas crises, se as rupturas foram bem e mal ultrapassadas, eis aí um bebê ao qual o desinvestimento materno conferiu uma certa autonomia de funcionamento: a que autoriza a pulsão a encontrar satisfação na ausência da mãe.

Autonomia de funcionamento que M. Klein teria concebido no estabelecimento de uma defesa primária contra a angústia (inevitavelmente suscitada pela ausência): a clivagem do "bom" e do "mau" objeto articulada à ambivalência dos sentimentos gerados por esta clivagem. Em resposta, estabelece-se a ambivalência materna, a mudança de posição esclarece esse conceito, não sobre a clivagem da criança, mas a partir da clivagem do eu materno.

O desinvestimento só poderia suceder a um investimento inicial, a desilusão a uma ilusão fundadora, a clivagem a uma unidade imaginária, o ódio ao amor e o amor ao ódio.

Mudando de objeto libidinal, a mãe retoma uma posição genital. É preciso que se trate aqui realmente de um retorno. Se, ao passo que a criança pode ser autônoma, ela continua a ser mantida numa dependência da mãe e esta, conseqüentemente, na dependência desta dependência que se tornou imaginária, o campo se abre às manifestações psicopatológicas que se originam numa fixação libidinal materna e na estagnação da evolução libidinal da criança, cuja pulsão não conhece outra fonte de satisfação além da mãe, nem outro destino além do retorno para seu próprio corpo. A clínica testemunha dessas crianças imediata e totalmente "satisfeitas", que se desorganizam caoticamente em diversos quadros sintomáticos e das quais as mães podem dizer: "Não entendo por que meu filho está doente, ele tem *tudo* para ser feliz".

Se, inversamente, a mãe soube não confundir privação e castração, perda real e falta estrutural, a situação pode se tornar edípica e apoiar-se numa certa autonomia de funcionamento.

A primeira relação, tanto para o menino quanto para a menina, estabeleceu-se com a mãe. A evolução dos primeiros tempos dessa relação nos convida a só considerar como edípica a articulação das pulsões arcaicas naquilo que foi sublimado com o desejo sexual genital. Se o menino entra então na vida genital, perseguindo o objetivo de seduzir a mãe, a menina estará numa busca de sedução de alguém que a torne mãe. Assim, as pulsões genitais do menino orientam-se para o objeto do desejo e as da menina orientam-se para o objeto do desejo da mãe.

Ambos, entretanto, estão numa luta contra o terror da transgressão do interdito do incesto. Mas, se o menino "sai" do édipo porque o incesto é proibido, a menina entra aí pela mesma razão, sendo o incesto fundamental aquele que veria a união da mãe com a criança. Se, do ponto de vista da menina, temos o hábito de evocar uma mudança de objeto, do ponto de vista da mãe podemos supor a correspondência de uma nova mudança de posição subjetiva, repousando numa perda. Ela já não era *tudo*, ei-la "inadequada". Se, na relação mãe/filho, Freud já não indica a ambivalência[9], isto parece ser diferente na relação mãe/filha, re-investida desta forma. O que as pacientes adultas nos trazem sobre a cena transferencial revela que o ódio da filha em relação à mãe fica instigado neste momento, e vemos aí a ocasião de uma reativação do ódio materno em relação à criança. Tanto uma quanto outra têm que resolver o que subsistiu de um imaginário fusional, isto é, a mãe tem que realizar aqui o luto definitivo e radical de todos os seus sonhos e fantasmas incestuosos.

Se a filha, deixando o registro do narcisismo primário, entra no campo do narcisismo secundário, no qual ela agora vai tentar seduzir o pai contra a mãe, a resolução edípica experimenta a mãe num remanejamento desnarcisante de sua libido, podendo ser vivido, segundo seus relatos, como uma exclusão do campo familiar, como uma rejeição, e revelar-se como uma experiência traumática. Posição subjetiva sustentável se essas questões são reconhecidas pela mãe, estruturante para a filha se a mãe, por tê-la reconhecido, aceita ser objeto ambivalente de uma identificação difícil. Efetivamente, se à culpa da filha por seduzir o pai, dupla culpa pelo fato de que este movimento se efetua contra a mãe, faz eco não a agressividade da pulsão, aquela que possibilita a cada um ocupar o seu lugar, mas a violência real, ambas verão cristalizar-se uma relação em que a angústia domina e em que o conflito permanece inextrincável. Clinicamente, isto se traduz um pouco mais tarde por uma demanda exasperada e dolorosa de "resolução da crise de adolescência".

Com um sexo diferente do da mãe, o menino não muda de objeto, mas deve, por um lado, confrontar-se com as questões identificatórias paternas, de outro, desfazer-se da rede edípica materna que consistiria numa crença em que as coisas são agora possíveis, ainda possíveis, enfim possíveis. Tais podem ser as imagens trazidas pelos meninos que se tornaram homens, evocando com freqüência uma mãe ideal (em todo caso, idealizada),

---

[9] S. Freud, 1932 "La Féminité", em *Nouvelles Conférences d'introduction à la psychanalyse*, Paris, Gallimard, coll. "Idées", 1984.

ou, ao contrário, interditora. Se, pelo fato de ter trabalhado contra a mãe, a filha sente culpa, sua própria identidade de mãe poderá em último caso emergir justamente nessa falha. Por outro lado, uma *imago* materna excessiva no ideal, tanto quanto no interdito, tanto no amor quanto no ódio, proibirá ao menino o acesso a uma identidade masculina sólida. Assim, o que questiona o édipo para a mãe é sua ambivalência e sua capacidade de reconhecê-la, isto é, sua capacidade de continuar a ser a mãe de um menino libidinalmente ligado a ela e de uma menina que a agride com um movimento em si mesmo muito ambivalente. Esta capacidade repousa no modo com que ela significará, tanto para um quanto para outro, que, se o interdito não puder se referir ao desejo, o objeto não é o bom, para o menino, e ela sai ilesa do élan de rivalidade, para a filha.

Isto supõe ter integrado o objeto perdido e inadequado para o filho e para a filha. Perdas que reatualizam a falta precedente que a instava a fazer o luto de seu todo-poder, isto é, ser *uma* mãe e não *a* mãe, falta que repousa em sua própria problemática de castração anterior que fazia dela *uma* mulher e não *a* mulher. Se a falta remete sempre a uma falta anterior, compreende-se evidentemente que o simbolismo edípico de uma triangulação entre os pais e a criança origina-se na triangulação em cada um dos pais.

Trata-se de um equilíbrio sempre frágil em torno da problemática da ambivalência e da separação, campos nos quais a ambivalência da criança reflete e repete para a mãe a ambivalência em relação à sua própria mãe.

Acompanhar num percurso terapêutico esses momentos de crise a fim de evitar que esta conduza a rupturas reais em que o reencontro não poderia mais se inscrever é possibilitar à mãe a passagem do narcísico ao social, isto é, re-situar o fato de que o investimento narcísico da criança veio do encontro de duas pessoas, do fantasma ao mito, isto é, da díade ao édipo, enfim, do imaginário ao simbólico, isto é, da satisfação (antecipada) da necessidade à transformação do grito em demanda.

Latência

Há algum tempo recebi uma demanda de psicoterapia de uma jovem, mãe de um menino de 7 anos, sobre o qual há um diagnóstico de psicose infantil.

Ela sempre se recusou a casar, conservando assim seu sobrenome de solteira. Porque as iniciativas não foram tomadas a tempo e sobretudo porque "ela não via nenhum interesse em tomá-las", seu filho tem seu sobrenome. Este "esquecimento" de reconhecimento paterno permaneceu intocado até esse ano, pois a criança entrou numa escola e a mãe tem, segundo seu relato, "problemas com todos os papéis que devem ser preenchidos por causa do sobrenome".

O que habitualmente chamamos de "latência", como um dos estágios do desenvolvimento afetivo da criança, corresponde ao período social e de socialização representado pela escola e pelo tempo das aprendizagens para a criança.

A vinheta clínica introdutória desta questão diz que, talvez do ponto de vista materno, a escola remete à lei social e, antes disso, à lei do pai à qual deve estar submetida a criança para poder estar com seus pares num mundo feito de novas exigências, fora do olhar da mãe. Parece que a escola tem aqui a função de lugar em que se inscrevem e/ou se re-inscrevem ao mesmo tempo a posição da criança em relação à castração e a posição materna fantasmática em relação à criança, tanto uma quanto outra numa referência a este terceiro social que é a escola e que vem lembrar o que a lei paterna implica.

A entrada na escola assinala *socialmente* a separação da mãe e da criança. A separação é um processo que traz a intervenção de um terceiro separador real ou imaginário, entre o sujeito e o objeto. Para que a escola se inscreva nessa dimensão separadora da mãe e da criança, é preciso que, além disso, este papel e esta função de "separação" tenham sido reservados ao "pai". Não ao pai real, objeto de amor da mãe e da criança, não ao pai imaginário, suporte de cenários identificatórios e idealizantes, mas ao pai simbólico, como metáfora estruturante da linguagem e do pensamento.

As dificuldades ligadas às aprendizagens que a criança pode encontrar no seio da fase de latência, quando fortemente invalidantes para o sujeito, parecem corresponder à interiorização de uma dupla falha, a da mãe em sua função continente e libidinizante e a do pai em sua função separadora e estruturante da personalidade. Para estar mentalmente disponível para a aprendizagem que faz recurso às funções intelectuais, parece que a criança deve estar em "segurança" psíquica, isto é, ter sido ao mesmo tempo suficientemente contida, investida e separada para não se abandonar quando convocada enquanto sujeito por um terceiro social.

Todas as professoras confirmam: as mães são freqüentemente ansiosas, e até mesmo angustiadas. A angústia da mãe é em geral uma angústia banalmente fálica, mas exerce-se aqui em relação às aprendizagens efetuadas pela criança em uma espécie de continuidade com aquilo que freqüentemente consistia em acreditar que a criança a prolonga.

A fase de latência vê a criança deslocar seus investimentos libidinais, e freqüentemente a mãe traduzirá esse deslocamento como uma ausência de libido. Enquanto que não é esperado da criança que se ausente do campo sexual, mas que "sublime" suas pulsões para colocar sua energia a serviço da aprendizagem, isto é, de processos intelectuais, a mãe parece des-sexualizar a criança. O estabelecimento dessa nova relação mãe/filho manifesta-se no quotidiano num superinvestimento materno também deslocado, isto é, um superinvestimento não mais da criança enquanto tal, mas do objeto de sublimação da criança, isto é, da escola. A mãe "socialmente muito boa" faz os deveres de seu filho. E a "nota ruim" que vê afundarem-se de modo paroxístico todas as esperanças maternas fundadas na criança é, de fato, a "nota ruim" da mãe, até mesmo a nota da "má mãe"...

A escola, enquanto terceiro socializante para criança, reconvoca a posição materna em relação ao terceiro e parece reativar assim a própria fase de latência da mãe e o lugar que ela mesma ocupou nesse tempo no fantasma de sua mãe. Tudo se passa como se a mãe começasse a desinvestir o corpo de seu filho e as aprendizagens associadas a esse corpo (comer sozinho, limpeza, vestir-se...) para superinvestir o novo objeto da criança, contido naquilo que a escola pode inconscientemente representar para a mãe: um lugar em que a criança, fora do seu olhar, sobrevive.

Como vimos, antes da latência a criança era investida pela mãe sob o ângulo libidinal em que o corpo da criança, em sua relação com os cuidados concedidos pela mãe, condensava sua inscrição no desejo da mãe. Veremos que, após a latência, o processo pubertário fará da criança um objeto que se tornou sexualmente possível para a mãe. Entre um tempo e outro, situa-se e evolui a latência: a da mãe ressoando e articulando-se com a da criança.

Entretanto, este desinvestimento libidinal está longe de se fazer sozinho e a clínica psicológica escolar nos mostra de que modo o objeto terceiro, a escola, não permanece como preocupação exclusiva da criança, tornando-se um objeto de preocupação comum, o que parece ter como benefício materno inconsciente o fato de que a mãe continue a estar presente no espaço psíquico da criança, que, segundo o que já foi estabelecido entre eles, colocará seu próprio desejo seja a serviço do prazer de sua mãe e "trará boas notas para ela", seja, inversamente, fazendo com que perdure uma relação estabelecida de modo agressivo e opositor, e, ao trazer um zero, instigue o "ódio materno" e, por outro lado, signifique a ela seu "fracasso" como mãe, confrontando-a com uma nova perda, a de todos os sonhos de sucesso social, em geral previamente construídos para a criança. Tanto aqui quanto alhures, um homem, por exemplo, o pai da criança, pode ocupar esta posição psíquica "materna".

Puberdade e adolescência

Chegamos ao tempo do "terceiro édipo", que Philippe Gutton chamou de "édipo pubertário[10]".

O primeiro, que intitulamos "édipo precoce", lembremos, evoluía na cena de um incesto primário imaginário com a mãe, tempo de um gozo arcaico e não barrado pela castração, esse campo do ilimitado.

O segundo, estágio edípico propriamente dito, fazia com que o pai interviesse no sentido em que o objetivo da operação era o de ter acesso aos objetos do desejo do pai, isto é, supondo um gozo a partir de então limitado.

Eis-nos aqui no momento do início da adolescência, em que a criança tornada púbere, perseguindo sua busca do gozo tão prometido, tão esperado e jamais atingido, irá se voltar para seus pares, isto é, para aqueles que tiveram que renunciar ao mesmo gozo, que viveram a mesma castração e a mesma falta.

[10] Ph. Gutton, *Le Pubertaire*, Paris, PUF, Coll. "Le fil rouge", 1991.

Se, num primeiro tempo, a mãe teve que desinvestir narcisicamente a criança, se, num segundo tempo, teve que integrar psiquicamente o fato de ser um objeto "inadequado", ei-la aqui confrontando-se com o processo pubertário de seu filho adolescente, isto é, com a "des-sexualização das representações incestuosas que conduz à escolha de objeto potencialmente adequado[11]". O movimento pulsional que foi necessariamente genitalizado quanto às suas representações incestuosas irá agora chocar-se definitivamente com o recalque. Esse processo balizado por "cenas" incestuosas e parricidas para o adolescente, "cenas pubertárias", faz surgir diretamente "o pubertário dos pais[12]".

Na época do desinvestimento materno, a relação mãe/filho deixava a ilusão de uma unidade narcísica primária. Quando a criança cresce, a angústia de castração reativada deve se reformular. O adolescente coloca novamente sua pergunta ao pai, aquela que questiona sua relação de submissão ao falo. Tínhamos o hábito de pensar que a adolescência, a puberdade constituíam a ocasião de um novo édipo. A partir do ângulo que nos interessa aqui, sigamos Gutton, que fala numa "nova unidade narcísica originária". Efetivamente, não é porque na cena primeira do édipo a criança se viu, como os pais, como a mãe, reduzida a fazer o luto de um objeto de desejo para um, de ser além disso este objeto de desejo para o outro, que o desejo se apagou. O édipo pubertário convoca novamente mãe e filho a repensar suas possibilidades subjetivas de enunciação desse desejo.

Paralelamente ao movimento incestuoso que o fim da latência faz reemergir, instaura-se para a criança a certeza de ter se tornado o objeto adequado do pai ou da mãe. Acrescentaremos à nossa tentativa de dialetizar este movimento que a mãe, assim solicitada novamente, poderia muito bem (se) crer nisso de novo: pois, de fato, os efeitos da puberdade os aproximam no plano das identificações. Dito de outro modo, a criança não é mais "muito pequena". Para dizer ainda de outro modo, o movimento psíquico da criança para a adolescência, tanto quanto para aquela que ela (re)ativa na mãe, segue o movimento fisiológico das evoluções e transfor-

---

11 Ph. Gutton, *ibid.*

12 Ph. Gutton, *ibid.*

mações corporais vindas da puberdade e corresponde a uma interpretação edípica desse processo púbere. É o que gera todos os aspectos violentos de que se queixam adolescentes e pais em geral. A dificuldade encontrada pela mãe, então confrontada novamente com a problemática da separação, é, e as aparências conflituais ditas "crises de adolescência" são, nesse sentido, enganosas, a de que "o pubertário é totalmente inverso a um movimento de separação[13]". Pois como separar-se, num movimento ambivalente fortemente reativado pela ambivalência do adolescente que grita alto e com força seu desejo de partir, apelando – tendo o incesto se tornado possível – para que o retenhamos?

O adolescente sofre da reatualização de pulsões até então adormecidas: re-encenar o édipo (e tudo deste que ficou em suspenso) consiste em (re)investir eroticamente o pai ou a mãe "incestuosos" e em (re)desinvestir o rival, para poder realizar o assassinato mais facilmente. Do lado da mãe, ei-la aqui de novo resistindo a acreditar que ela poderia oferecer-se como objeto de investimento erótico e, portanto, (re)investir por sua vez o corpo de seu filho tornado corpo possível, ou então a fazer-se a tela das pulsões agressivas e ambivalentes de sua filha.

Durante o édipo precoce, descrevemos uma triangulação que via o desejo da mãe (re)colocar-se visando um outro objeto além da criança, isto é, integrando o fim de um todo-poder imaginário. Movimento este que viria autorizar ou interditar a história singular da mãe e o modo com que foi colocada para ela a questão da castração e com que estariam enodadas as questões edípicas e o lugar que um pai aceita ou recusa investir nessa situação. O resultado dessa primeira triangulação, quando esta se opera, é o de gerar para o bebê a possibilidade de investir os objetos do mundo não materno. Se esse tipo de investimento tivesse sido possível, ainda assim não teria perdido sua dimensão ambivalente. As crianças sabem muito bem que não poderão casar com suas mães, o que não as impede de pedi-las constantemente em casamento. Nunca se sabe...

O pubertário parece indicar que, além da puberdade, nunca se sabe...

J.-J. Rassial faz do primeiro laço da criança com a mãe um laço "real" – "A criança é um pedaço separado do corpo da mãe" – e depois "imaginá-

[13] Ph. Gutton, *ibid.*

rio": "É a mãe que vai sustentar para a criança a construção do mundo exterior e de seu eu corporal[14]". Se, na adolescência, castração e interditos se reformulam, de que modo a mãe poderá "ouvir" este novo modo de fazer perguntas? E de que modo irá ela responder simbolicamente?

Parece que ela deve ainda uma vez transitar de uma posição materna para uma outra no mesmo ritmo que o desenvolvimento de seu filho testemunha sua mudança de estatuto. O processo de passagem parece se complexificar pelo fato de que a mãe deve, hoje, aceitar ser um objeto "sacrificado". Portanto, é somente ao preço de tal sacrifício que o adolescente poderá começar a desejar seus pares. O "sacrifício" de que ela é então o objeto instala a mãe numa incerteza nova ou reativada. "Sou boa?" – ela vem nos perguntar. Dito de outro modo, "estou na posição correta?". Pois como continuar a ser mãe quando o adolescente pede que ela sacrifique aquilo que justamente estava edificado de uma posição materna que ela acreditava ser (enfim) correta? "Depois de tudo o que fiz por ele!". E eis que ele lhe impõe desejos edipianos agressivos!

Se o adolescente deve questionar seu estatuto subjetivo na encruzilhada de novas situações identificatórias e de uma questão fundamental quanto à sua "origem", a mãe, em resposta, deve confrontar-se com essa questão da origem, isto é, com o campo da sexualidade. Pois é a origem inscrita neste ato sexual fecundante que se questiona aqui. As referências em torno do eu, instaladas, até mesmo ancoradas, se transformam. A identificação materna com uma mãe possível que, bem ou mal, assumiu sua função e colocou uma palavra fica revirada, substituída pelas próprias modificações corporais da mãe que, tendo um filho adolescente, em geral está na idade de fazer o luto de suas possibilidades de procriação. Duplo questionamento, portanto, o de seu estatuto de mãe e o de seu estatuto de mulher.

Como continuar sendo mãe de um filho em relação ao qual não mais se pode evitar reconhecer que é sexuado, isto é, capaz, por sua vez, de procriar? Como continuar sendo mãe deste filho que se tornou adolescente, isto é, cada vez mais outro e cada vez mais semelhante? Simbolizar o ódio

---

[14] J.-J. Rassial, *Le Passage adolescent, de la famille au lien social*, Toulouse, Érès, "Actualité de la psychanalyse", 1996.

revivificado na ocasião desses remanejamentos recíprocos consistiria em contrapor à agressividade adolescente incontornável a ternura, isto é, um amor deserotizado, o único que pode "conter" os conflitos da criança, isto é, sustentar, apesar de tudo, seu eu (no estágio da preocupação materna primária, esta deveria ser uma função), e, ao mesmo tempo, autorizá-lo a se separar?

Isto supõe que a corrente libidinal materna possa se satisfazer alhures.

Na falta disso, o que já constituía um risco quando a criança era pequena, a relação permanece em espelho, e a mãe pode manter o filho como seu objeto e fazer dele um adolescente sintoma. Então, a resposta não é mais terna, mas repressiva ou agressiva, reflexo de uma defesa materna contra sua própria pulsão amorosa erótica. No pior dos casos, a mãe muito frágil pode ver suas defesas narcísicas desabarem, ficando numa impossibilidade de responder à questão adolescente, sentida como excessivamente violenta, e resolver a sedução/perseguição mais no real do que no simbólico, isto é, na passagem ao ato realmente incestuoso.

A outra solução consiste em fazer "como se nada houvesse", isto é em responder com uma negação à evolução da criança. É o campo do não-dito evocado pelos pacientes quando estes se lembram de que na puberdade ninguém os preveniu sobre as mudanças corporais e funcionais às quais eles seriam submetidos (regras, ereções...). É o campo em que se inscrevem as condutas adolescentes psicopatológicas (anorexia, condutas aditivas...).

A mãe, a quem a evolução pubertária do filho fragiliza inevitavelmente, deve atestar sólidas defesas narcísicas se não quiser sofrer um profundo ferimento. Os estados depressivos, correntes nesse período, ao mesmo tempo que fazem sintoma para a mãe e geram sofrimento, são entretanto testemunhos de que algo da perda, da falta está em vias de metaforização. Pode haver um final feliz se for possível um trabalho de reconhecimento desta renúncia. Na falta disso, o sintoma depressivo se cristaliza, enraíza-se, o "desinvestimento da carne da criança" torna-se irrealizável, a mãe se encontra mortificada, o diálogo com o adolescente é interrompido e para ele fica difícil, em tal contexto, investir sem culpa excessiva novos projetos.

Efetivamente, para isso seria preciso, parece, ver o antigo (a mãe) sair ileso de todos os ataques contra ele.

Se, apesar de todos os fantasmas de destruição trazidos pela criança, o corpo da mãe permanece íntegro, se, apesar de todos os perigos edípicos, a mãe sobreviveu e está bem, se, apesar de todos os ataques, ela continua a amá-la, protegê-la em sua alteridade radical, a criança pode ir... tornar-se um homem, tornar-se uma mulher, não muito carregada de remorsos.

E o pai?

Se "não é necessário que haja um homem para que haja um pai[15]", não poderia haver mãe sem pai.

E o pai, então, nesse processo de separação? (Re)formular assim a questão articula a questão do pai com o desejo da mãe em seu dispositivo metafórico.

A questão da ambivalência materna não teria razão de ser fora do "sujeito". E na origem do sujeito está a metáfora. Este é o sentido de tomar partido: "não é necessário que haja um homem para que haja um pai". Assim, o que nos chamará a atenção não é o "pai encarnado", o pai "genitor", mas aquilo que este último pode suportar de uma significância simbólica em relação ao desejo da criança em luta com o desejo da mãe.

Entretanto, não poderia haver mãe sem pai, não somente em relação a uma lógica biofisiológica, mas porque "a relação simbólica é a fonte da vida para um humano, ser falante[16]". Esses tempos psíquicos estão intrincados e em estreita dependência uns dos outros. Se, de fato, a vida se origina na relação simbólica que determina uma função simbólica, não é menos verdadeiro que esta só poderá se estabelecer à condição de que a prova da separação seja ultrapassada.

Se o pai real pode ser percebido como confundindo-se com o pai da realidade, o pai "encarnado", o pai imaginário como sua "*imago*", isto é, a representação fantasmática inconsciente que a criança pode fabricar dele, o pai simbólico, que nos interessa aqui, é uma instância mais complexa.

Se Lacan o define como uma função, é porque Freud já havia ressaltado o aspecto simbólico em seu mito fundador exposto em *Totem e tabu.*

---

[15] J. Dor, *Le Père et sa fonction en psychanalyse*, Points Hors Ligne, 1989.
[16] F. Dolto, *La Difficulté de vivre*, Vertiges du nord/Carrère, 1986.

Efetivamente, só depois do pai real morto, e não a partir de sua posição de vivente, os filhos decidem referir-se a uma lei que coloca um interdito do incesto. Assim, o pai toma toda a sua dimensão num tempo muito além de sua encarnação. Enquanto ele é apenas um homem, todos pensam em matá-lo para roubar-lhe todos os objetos de desejo permitidos apenas para ele; tornados símbolos, esses objetos são integrados como proibidos para sempre.

Assim o mito freudiano funda a função paterna de Lacan como simbólica e estruturante, mesmo na ausência de qualquer pai real, e como vetor de uma lei universal na origem da separação mãe/filho, lei que faz de uma relação diádica ou fusional uma relação a partir de então edípica. No próprio centro da *preocupação materna primária*, que via a criança capturada numa modalidade relacional com a mãe em que o pai seria vivido como "estranho", se, imaginariamente, a criança parecia preencher a mãe e em troca ser preenchida por ela, esta última seria de imediato "suficientemente boa" para manter o engano aquém de um certo limite, e no entanto já "suficientemente cheia de ódio" para não ser pato disso, isto é, para autorizar, além desse limite, a interrupção do sonho no qual, não fosse isso, adviria o delírio.

O que leva a criança a não ocupar esse lugar *a priori* constituído como objeto único que pode preencher o desejo da mãe e o que leva a mãe a não identificar mais adiante a criança com esse objeto? É a função paterna naquilo que ela comporta de privação, de interdito e de frustração por um lado, e por outro lado naquilo que ela induz de um deslocamento do objeto (dito fálico).

Com que, com quem se ocupa o desejo da mãe quando este se desvia da criança? Se ela se vai, é porque o filho não a preenche. Aqui o pai é visto como aquele que priva a criança de sua mãe, aquele que interdita, no sentido de que ele, desse modo, impede a criança de possuí-la só para si. O interdito e a privação enodam-se num processo de frustração no seio do qual a criança deve, agora, confrontar-se com a falta (imaginária) de um objeto (real), a mãe. Se a mãe se afasta da criança, é porque seu desejo é convocado alhures, é porque, ainda que devesse ser preenchida, ela está satisfeita apenas em parte, enfim, é porque ela também, tanto quanto a criança, está submetida à falta. A falta agora se opõe à completude e faz da criança um sujeito submetido, como a mãe, e como cada um, à castração. Isto constitui o primeiro deslocamento do objeto: a criança era o "falo" que faltava à mãe. Agora ela identificou o pai como este último. Se a operação terminasse aqui, mãe e filho estariam, certamente, na falta, mas "ao menos um", o pai, sairia ileso da castração. É nesse sentido que o pai não poderia fazer nem fundar a lei, seria apenas seu representante, o "embaixador junto ao governo mãe-filho[17]", submetido, como todos os outros, à sua universalidade. Segundo deslocamento de objeto, o desejo da mãe se refere ao pai não enquanto este seria o falo, mas enquanto tendo o falo. Se ninguém pode pretender ser o objeto faltante do outro, ele o detém mesmo sem o ter, pois cada um continua na vida dentro da dinâmica do desejo.

Assim, o pai é um significante que Lacan chama de "Nome do Pai" e que introduz a criança no registro do simbólico, substituindo-se, durante as etapas operacionais que acabamos de descrever, ao desejo da mãe. É porque não se trata de pessoa encarnada que a questão do pai se reduz a uma função e opera como uma metáfora. Uma metáfora é um significante que vem no lugar de um outro significante. Aqui é o significante do pai, o Nome do Pai, que vem ocupar o lugar do significante originário do desejo da mãe. A criança renuncia a ele. É nisso que podemos dizer que o Nome do Pai separa. Ele separa, nesse caso, a criança da mãe (ou, mais exatamente, o sujeito do Outro do gozo). A criança sempre poderá, em nome da lei, e associando de forma significativa a ausência da mãe à presença do pai, apreendê-lo como o objeto que mobiliza o desejo da mãe e voltar-se para outros objetos.

No registro metafórico, um significante não poderia confundir-se com uma pessoa. É o que faz com que nem todos os filhos educados por mães sozinhas sejam loucos.

"Basta que o significante Nome do Pai seja convocado no discurso materno para que a função mediadora do pai simbólico seja estruturante[18]".

Na escuta que podemos oferecer aos discursos maternos relativos a um nascimento, podem ser identificadas desde então problemáticas advindas

---

[17] J. Dor, *ibid.*
[18] J. Dor, *ibid.*

da negação do Nome do Pai. É no investimento materno fantasmático da criança que se pode ouvir o anúncio desse mecanismo patógeno.

Nesse caso, pode-se pressagiar a impossibilidade de uma separação, de um trabalho de luto relativo às perdas inaugural e secundária, etc.

Dessa forma, o pai se revela como função terceira que vem separar, organizar o mundo como tal, isto é, além da manutenção do engano de que ele seria apenas um lugar de completude habitado exclusivamente por duas pessoas com tendência a unificar-se indefinidamente, que vem, dito de outro modo, temperar o gozo materno e dar à criança o sentido da realidade, em oposição àquilo que, do real (corpo no corpo), foi atravessado na experiência da maternidade.

Clínica do discurso ambivalente

Ele dorme. Ele sonha. Ele acorda com um grito estridente.
A mãe pula da cama. Entra em seu quarto. Acende a luz e
se prepara para tomar o filho em seus braços.
- "Vá embora, bruxa. Quero minha mãe".
D. W. Winnicott

Elaboração do ódio

Lembrarei da senhora agradecidamente por ter-me dado, numa época tão precoce de minha vida, os meios de viver e de continuar vivendo.
Freud

A ambivalência materna atravessa a obra de Freud se perseguirmos suas preocupações quanto à questão da maternidade. Conservaremos daí que o amor abre sempre a possibilidade da aproximação do incesto e tende à *confusão* com o outro.

Os *Três ensaios sobre a teoria da sexualidade* nos ensinam que as relações da criança com as pessoas que cuidam delas são uma fonte contínua de excitações e de satisfações sexuais partindo das zonas erógenas, "e isto ainda mais porque a pessoa encarregada dos cuidados (geralmente, a mãe) passa para a criança sentimentos que derivam de sua própria vida sexual, abraçando-a, ninando-a, considerando-a, sem nenhuma dúvida, como o substituto de um objeto sexual completo[1] ".

---

[1] S. Freud (1905), *Trois essais sur la théorie de la sexualité*, Paris, Gallimard, coll. "Idées", 1962.

Entretanto, o amor se refere ao fato de ultrapassar uma *ambivalência inevitável na origem*, que traduzimos por amar, é separar-se do objeto de amor, por um lado, sendo o *ódio simbólico* vital para a mãe e para a criança, de outro lado.

Se um dos destinos da pulsão é a *transformação do amor em ódio*, estamos aqui no centro da *ambivalência*, chamada por Freud de "ambivalência do sentimento", fundada sobre a existência de desejos contraditórios. Ambivalência e não oposição, pois o amor não se opõe ao ódio, mas sim à indiferença. Aliás, a situação de transferência traz à luz o fato de que as "paixões" que ela carrega, o amor e o ódio, são sentimentos equivalentes.

O amor faz apelo a um diálogo e se oferece como situação em que este último está no limite de ser bem-sucedido. Um diálogo (quase) bem-sucedido passaria, no que diz respeito à relação com a mãe, por uma fala em que seriam negociados a demanda de um e o desejo do outro.

Mas onde se originam amor e ódio?

No início, o amor é narcísico. E o ódio, como relação possível com o objeto, é mais antigo que o amor. Se, como afirma Freud, o primeiro objetivo do amor é o de "incorporar ou de devorar", então podemos entrever de que modo o ódio é imediatamente inscrito, e indissociável do amor, pois amar, finalmente, é aniquilar.

O amor sem ambivalência vê abolirem-se as distâncias e surgir um amor total, primeiro, ou seja, mortífero. A perda desta crença é um modo de reconhecer que a proximidade do corpo da mãe só é suportável na diferença e na palavra que vem sustentar essa diferença. Primeira língua aquém mesmo do materno, já que visa à separação d'Ela, ou seja, podendo ser dirigida a um outro, num lugar em que a mãe, distraindo-se por um instante da criança, investe um outro. O amor vivível funda-se numa separação. O "jogo do carretel" o ilustra. Efetivamente, o "Fort-Da", dramatização cênica, introduz uma "ligação da pulsão de morte com a pulsão de vida". Durante o jogo, a criança efetua um trabalho que torna possível a elaboração psíquica da perda do objeto. Após uma perda de cuidados maternos, uma perda de sua presença, Ernst[2] tenta um domínio simbólico do objeto

---

[2] Ernst, neto de Freud, é o autor do célebre jogo do carretel.

perdido e, para isso, de *objeto amado* e passivo de cuidados ele se faz ativo, isto é, sujeito do apelo, da demanda, constituindo-se assim como *sujeito amante*: nesta reviravolta dialética que o salva, Ernst dá corpo à ausência de objeto, evocando-o. Ele se *nomeia* objeto perdido para a mãe. A ambivalência materna inscreve-se no desvio do jogo do "fort-da", numa proposta que poderia enunciar-se assim: já que a mãe não poderia "perder" a criança a não ser ausentando-se realmente, a criança tenta salvar seu desejo indicando à mãe que é em sua própria presença que é preciso deixá-la, isto é, *ausentar-se*, certamente, mas *dela*, e numa continuidade de sua presença.

Quando Freud fala da maternidade, nem sempre é para falar da relação mãe/filho, mas para percebê-la como uma possibilidade ou como um futuro, tanto para o menino quanto para a menina. Todas as situações em que ele evoca, oportunamente, o tema da maternidade conduzem à representação fantasmada do corpo da mãe. Ora, "o eu é antes de tudo um eu corporal". Freud insiste, aliás, sobre a identificação da criança pequena com sua mãe e sobre esta troca precoce que ele qualifica como "essencialmente ambivalente". Por nossa vez, também a consideramos assim, bem como numa possibilidade de inversão se, como vimos, o nascimento advém de um drama quanto ao encaminhamento da mãe em sua identificação com a criança que vai nascer. O destino dos dois terá que se resolver na separação, que não poderia ser confundida, repetimos, nem com a captura pulsional, nem com a clivagem radical. O conflito gerado por esta "ambivalência dos sentimentos" concretiza-se numa oposição entre as duas correntes (entendamos amor e ódio, prazer e horror inspirados...) difíceis de nivelar e que se localiza na vida psíquica de tal modo que um encontro, uma colisão entre elas é impossível. É sobre o fundo dessa luta travada por "medo e desejo" que vemos surgir, no texto de Freud de 1913, a imagem interior da mãe, a que todo ser humano traz em si, durante toda sua vida, imutável no inconsciente e a ser diferenciada daquilo que Lacan descreverá mais tarde através da figura da "mãe real".

No capítulo precedente, descrevemos que a entrada na fase edípica, para a filha, não vem de uma simples mudança de objeto durante a qual a menina se afastaria da mãe para eleger o pai como novo objeto de amor, mas de uma transformação que se faz sob a capa da hostilidade: *o apego à mãe se transforma em ódio*. O materno é aquilo que define a mãe em sua relação com o recém-nascido, é esse lugar que contém tudo, tudo e em primeiro lugar o pai; as palavras maternas, as que ela enuncia e as que ela não enuncia, refletem e contam o que vem de seu fantasma inconsciente.

Ali, continua a elaborar-se o ódio como necessidade para a possibilidade inaugural da separação. "Capacidade de devaneio[3]", pré-consciente freudiano poderiam constituir esse lugar em que devem ser simbolizados, do lado da mãe, os esforços do bebê para pensar a violência, o ódio na relação com a mãe, e, do lado do bebê, a elaboração do que resulta na mãe do seu objeto de desejo.

É em *Uma lembrança de infância de Leonardo da Vinci*[4] que Freud expõe a Simbólica da maternidade. Para isso, usa a via de um comportamento sexual particular e "abominável" para a época, a felação, para descrever uma origem que pode "inocentá-la": "Esta é apenas a transposição de uma outra situação em que nos sentimos felizes em nosso tempo, quando, recém-nascidos, tomávamos na boca o seio da mãe ou da ama-seca e mamávamos[5]", traço indelével... No entanto, apesar desta "cena de grande humanidade e beleza[6]...", Freud designa a relação entre Leonardo e sua mãe, Catarina, "como uma relação de sedução" que ele qualificará até mesmo de "perversa".

Deixamos com ele esta grande "humanidade", já que chegamos no texto ao ponto forte que constitui todo o interesse de nossas hipóteses: a figura da mãe é substituída pela de um abutre, ou é assim que ela é representada nos hieróglifos egípcios – uma divindade materna com cabeça de abutre; *o abutre, pássaro geralmente associado à morte, como símbolo da maternidade*, pode se reproduzir sem o auxílio dos machos: eis, portanto, um elemento econômico para o édipo, "a substituição do abutre pela mãe dá a entender que o pai faltou à criança, que se sentiu só com a mãe[7]". De todo modo, o amor materno *é uma relação de amor que comporta a satisfação*

---

[3] W. R. Bion (1962), *Aux sources de l'expérience*, Paris, PUF, 1979.

[4] S. Freud (1910), *Un souvenir d'enfance de Léonard de Vinci*, Paris, Gallimard, coll. "Idées", 1977.

[5] S. Freud, *ibid.*

[6] S. Freud, *ibid.*

[7] S. Freud, *ibid.*

plena, e que preenche. Todo-amor no qual mãe e filho se suprem mutuamente, lugar de origem de sintomas e de impossibilidades posteriores para a criança, que só pode então reintroduzir o ódio salvador por um endereçamento sintomático à mãe ou então permanecendo cativa de impedimentos relativos à relação objetal. Leonardo ilustra esse impossível, por um lado através de uma escolha de objeto heterossexual não realizável e, por outro, por amores homossexuais que supostamente permaneceram platônicos.

A clínica revela, infelizmente, que a falta da falta resolve-se mais freqüentemente no sintoma do que na criação artística.

A palavra inscreve-se no nível do corpo. A mãe fala. Ela pergunta, ela diz, ela ordena e, através de seu desejo, instala a dependência. É fazendo dom de ausência que a mãe se torna potência de amor.

Este caminho irá se inscrever nas etapas freudianas do jogo identificatório primário e edípico, que, sob o ângulo da questão do desejo, poder-se-ia dividir em três tempos: uma primeira etapa que vem das identificações com os pais, tempo que está aquém de qualquer investimento de objeto, tempo da mãe "simbólica", aquela que satisfaz as necessidades da criança, marcando-a com o selo da demanda: a criança é aqui falada. A segunda etapa cobre o tempo da resposta, isto é, do reconhecimento do grito como apelo. A criança "sabe" falar aquém do discurso e faz, através de um reconhecimento, de uma interpretação do grito operante, a experiência da ordem simbólica do desejo. Aqui a mãe se tornou real, já que introduz a frustração, ou seja, a descontinuidade, a perda. Enfim, uma terceira etapa identificatória se refere a uma experiência especular, tempo de identificação imaginária em que o outro toma corpo e realidade para a criança. Assim se constitui o desejo da criança, através da prova do desejo da mãe e aí encontrando a ausência como lugar de um possível reconhecimento de seu próprio desejo, cuja função consistirá em identificar o sujeito. É este efeito de identificação que lhe possibilitará efetivamente encontrar-se na ordem simbólica, situando-se como mortal e sexuado. O *infans*, aquele que não fala, irá se apreender numa imagem totalizada de si mesmo, que ele intercepta como uma imagem ideal de si mesmo. Ela o arrebata e, ao mesmo tempo que ele se jubila, a imagem só pode ocultarse, e é nesse movimento não apreensível que a criança poderá apenas a ela identificar-se, sem nunca conseguir alcançá-la. Para que o *estágio do espelho*[8] opere, é preciso que a mãe (figura do Outro) lhe dê um enquadre de ordem simbólica, sem o que a criança permanecerá cativa de imagens que remetem infinitamente umas às outras. Assim ela organiza, ordena o mundo imaginário ao qual, se assim não ocorresse, o sujeito permaneceria alienado enquanto Eu. Da mesma forma, a mãe dará regras e limites aos jogos da criança.

O ódio que divide o amor materno se reveste desta *função de simbolização*: em outras palavras, a elaboração de uma representação do todo-poder e da eternidade (a criança só existe a partir da saída do ventre de sua mãe) como separação no sentido de transmissão de vida. Se ocultarmos essa dimensão da transmissão, correremos o risco de confundir *dom e dívida*, e sabemos até que ponto o reconhecimento da dívida realiza-se freqüentemente nos tormentos da culpa neurótica. Ora, se o todo-poder do desejo é limitado, é justamente porque o desejo investe simultaneamente dois votos cujos conteúdos são contraditórios. Com freqüência Freud evoca mãe e morte num único movimento. Veremos nisso os aspectos de uma vontade de retorno ao "regaço materno", espécie de anseio de vida por não estar na vida. E este voto se divide: tanto a criança quanto a mãe têm o mesmo desejo e o mesmo ideal de conservar a criança em si, para não perdê-la, no sentido de não se separar e no desejo de que "nada" lhe aconteça.

Aspirações que se resolvem na maior parte das vezes na busca "sublime", ou seja, a busca do amor materno de que testemunha a clínica cotidiana, amor que, entretanto, continua a alimentar esse fantasma de unicidade e que o sintoma deixa adivinhar em sua dimensão de falta irremediável.

Que ele esteja morto para não morrer...

"Salvá-la de sua mãe, tanto quanto criá-la: salvá-la de sua mãe seria separá-la de sua mãe"...

---

[8] J. Lacan, "Le Stade du miroir comme formateur de la fonction du Je", in *Écrits*, Paris, Le Seuil, 1966.

Posição depressiva

Ele, é meu filho audacioso e esperto; ser esperto
é ficar perto de sua mãe e se zombarem de ti e
te chamarem de medroso, tu deves apenas rir;
tenho outro filho, bobo, mas honesto. A filha, é nada.
Pelo menos ela não fala, o que já é alguma coisa.
Brecht, *Mãe-coragem e seus filhos.*

Se as questões envolvidas na separação, tal como as concebemos, correspondiam ao que, de um ponto de vista freudiano, acabamos de descrever como uma elaboração do ódio, de um ponto de vista kleiniano elas se originam na elaboração da "posição depressiva". Efetivamente, o acesso a esta última convoca a relação mãe/filho tanto do lado da "fusão", quanto do lado da "clivagem", para encontrar enfim, salvo obstáculo do sintoma, a construção no registro da *diferenciação*, da *castração* e, por ela, da *separação*.

Tendo Freud afirmado que "o objeto é investido no ódio", na medida em que é identificado primeiramente no que falta, e através da frustração que esta ausência induz, M. Klein pôde definir sua concepção dos processos de identificação em seu duplo e incessante movimento de introjeção e de projeção cujo objetivo seria o de conservar o "bom" e expulsar o "mau". Isso nos permite perceber um universo violento em que o bebê vê enfrentarem-se movimentos amorosos e movimentos destrutivos, visando um único objeto, bom *e* mau ao mesmo tempo, o "seio". A dialética do amor e do ódio anima os fantasmas primitivos e caracteriza a primeira fase que M. Klein descreve com o nome de "esquizo-paranóide", em que o bebê, entregue ao todo-poder de suas próprias produções psíquicas, ainda não pode estabelecer nada como sendo exterior a ele. É quando o seio começa a se recusar que ele inicia sua existência independente. Assim, o bebê experimenta a perda e é no interior desta que os objetos parciais reúnem-se em objeto total. Então o sujeito pode começar a emergir como sujeito próprio e acede à segunda fase descrita por M. Klein como "posição depressiva".

Uma *posição* designa "conjuntos específicos de angústias e de defesas que se manifestam várias vezes[9]". No que diz respeito à nossa questão da separação e do ódio na relação mãe/filho, podemos dizer que *a integração do eu repousa sobre a síntese do amor e do ódio* e vem de uma reunificação dos objetos parciais num objeto inteiro. Aliás, é sobre esses dados que será elaborada a nova dita posição depressiva e que consiste em, por um lado, perceber a mãe como objeto total, pessoa inteira e unificada, e, de outro, em reencontrar a *nostalgia do objeto de amor* que se expressa num medo relativo ao destino do objeto em questão, nó das preocupações infantis. Se não elaborada pela criança e pela mãe, a posição depressiva as manterá cativas de uma impossibilidade de se separar. A dependência do bebê em relação à sua mãe será reforçada por seu medo da perda. A cada ausência da mãe, intensifica-se o medo de tê-la devorado e advém uma angústia maciça.

Talvez possamos traduzir isso como um temor da criança de *ter odiado muito a mãe, de tê-la odiado à morte*. Assim se amplia o desamparo da criança confrontada com o medo de ver o objeto definitivamente perdido e com seus esforços desesperados de salvar e reparar este objeto. O objeto de amor se confunde com o objeto de ódio: não o reconhecendo, isto é, não enfrentando o fato psíquico, torna-se difícil para a criança ultrapassar a idealização da boa mãe e dela se separar, separação que passaria por uma elaboração da perda de que se origina a posição depressiva. Paralelamente, parece que uma falha de elaboração da perda e da depressão a que ela conduz o bebê expressa-se, de volta e ao mesmo tempo, na mãe em sua impossibilidade de pensar uma criança sozinha, com sentimentos de abandono, de raiva, de mágoa *e* que não morreria, ao contrário, faria progressos na afirmação de sua autonomia, ou seja, na via de uma separação da mãe. Para pensar essa solidão mais salvadora do que mortífera seria preciso diferenciar o ódio, indissociável do amor, de um simples sentimento que faria com que desejássemos o mal do outro e poder percebê-la como inexoravelmente ligada e determinante de uma possibilidade de reconciliação.

O interesse deste desvio teórico anglo-saxão repousa sobre o fato de que a pulsão é imediatamente ambivalente. Para Freud, o amor origina-se

---

9 M. Klein (1932), *La Psychanalyse des enfants*, Paris, PUF, 1959.

na pulsão sexual e o ódio nas pulsões de autoconservação. Aqui, o amor do objeto não se separa de sua "destruição". De um ponto de vista materno, tratar-se-á de reconhecer esta dupla essência do objeto e o movimento dialético que este laço induz no registro dos sentimentos a fim de que um compromisso possa nascer e expressar-se talvez ao lado de um sentimento de ternura, *como transposição do ódio no amor*. Mais do que resolver o compromisso entre um amor que gostaríamos que fosse "todo", total, e um ódio que o parasita sem que o saibamos, mais do que tentar resolver, portanto, o compromisso insuportável no "sacrifício", tratar-se-á aqui de elaborar o processo da separação numa articulação com um ultrapassamento da posição depressiva relativa à perda do objeto de amor, ou seja, à falta original e subjetivamente estruturante e vitalizante, isto é, transformar o sacrifício em reconhecimento de um ódio "construtivo", vital no que ele autoriza separar-se, quer dizer, desfazer-se da simbiose, possibilitando, ao mesmo tempo, que perdure o laço. Se a mãe "aceita", tão logo seu filho venha ao mundo, fazer o luto daquele que ela trazia em si, não somente em seu corpo, mas também em seus fantasmas, ela poderá amá-lo por ser este outro *e*, ao mesmo tempo, odiá-lo por já ser um outro. Finalmente, esta oposição, esta clivagem, esta negação, esta reconciliação do amor e do ódio e este reconhecimento da ambivalência que divide o desejo nos indicam que um desejo da criança poderia situar-se do lado da vida e outro, do lado da pulsão de morte: é paradoxal. No entanto, veremos que a clínica testemunha que é assim que algumas mulheres se tornam mães: de modo paradoxal.

Em contrapartida, a fusão pode ser definida aqui como um estado, um lugar em que o sujeito, no amor, imagina o Outro como totalizado e até mesmo fora do sexo. Ora, o desejo, por definição, é falta, falha, incerteza. O amor, em tal lugar psíquico, se assemelha a um gozo supremo, uma aspiração a estar na eternidade da plenitude. Este amor se instala no lugar de que foi expulso o desejo e por trás do amor instala-se o ódio. O amor, neste espaço restrito, é fazer um com o Outro. Mãe ilimitada, isto é, fora da castração, "oceânica"... Para a criança pequena, talvez seja esta tendência a aspirar e ser aspirada pelo outro que conduz a este horror do ódio. Aqui, o ódio é destruidor naquilo em que se alia ao desejo de morte inconsciente, morte esta que talvez pudesse suprir o sonho deste gozo fusional. O preenchimento da fusão é a morte. É assim que as mães se tornam filhas de seus filhos e os filhos, mães de suas mães. É assim que a vida os vê investidos da missão totalmente deslocada de reparar a mãe em suas feridas narcísicas. É assim que as gerações se confundem. É assim que as mães derivam e que os filhos erram... Sem contar que tais situações podem se tornar fontes de extrema ambivalência, chegando a causar desejos de morte.

O sujeito psicótico nos previne disto, ele que mata realmente sua mãe, acreditando assim ter-se livrado dela.

Nem simbiose, nem ruptura brutal, os processos de diferenciação abrem o campo da separação, isto é, a via da autonomização e da subjetividade para a criança, a de um possível reinvestimento do feminino para a mãe.

Às vezes é o nascimento de um outro filho que fará o efeito de castração, de desligamento da mãe. De qualquer modo, a separação origina-se na necessidade de um trabalho psíquico materno: o de separar amor e desejo em relação à criança, ou, para dizê-lo à luz das noções que constituem a trama de nosso estudo, o de transpor o ódio no amor.

"Se soubessem toda a felicidade que desejamos a eles, como se fosse possível. Talvez fosse melhor que fôssemos separados. Não consigo pensar nesta criança de modo razoável[10]".

Desilusão

"... [a mãe], é... aquela que gosta de entregar-se à representação, para o filho, da totalidade do mundo".
D. W. Winnicott

Amar, é "devorar".

Se Winnicott dizia, em 1947, que "a mãe odeia seu filhinho desde o início[11]", e se apoiarmos nossa hipótese de um amor materno necessariamente barrado pelo ódio, essencialmente ambivalente, no fato de que "é preciso que uma mãe possa suportar o fato de odiar seu filho sem nada fazer

---

[10] M. Duras, *Moderato cantabile*, Paris, Minuit, 1958.
[11] D. W. Winnicott (1951), *De la pédiatrie à la psychanalyse*, Paris, Payot, 1969.

com isso", então podemos pensar que o registro de um amor materno sustentável permanece num aspecto de sua função que faria com que, não abandonando seu filho uma vez satisfeita a necessidade, algo de um "sentido em estar junto" possa se estabelecer e permitir uma articulação dos corpos "portadores de vida, *mas* dedicados à morte, sem que a relação carnal justifique ou funde o *estar junto*[12]". Isto parece proceder de uma elaboração da desilusão winnicottiana, que situaremos aquém do acesso à posição depressiva acima descrita, esta mesma cronologicamente anterior à simbolização do ódio inicial que percorria as hipóteses freudianas.

Eis o registro em que poderia enraizar-se o processo de uma subjetivação fundada na diferenciação, na separação, na castração. Se a mãe falha em sua função de "*ser para a vida* [*être pour la vie*]" e, conseqüentemente, de sustentar, para um outro além de si, um "ser para a vida", é porque ela está *excessivamente* preocupada com uma questão pessoal no registro do ódio (não ambivalente, destruidor) e da morte. Em outras palavras, quando a angústia materna não vem de uma angústia de castração, podemos nos perguntar o que deveria ser simbolizado e constatar clinicamente que o que vem preencher a angústia de morte é o filho. Filho operador de culpa, tanto quanto filho para sempre devedor.

A mãe "suficientemente boa" é aquela que permite ao recém-nascido viver "uma segurança no nível do ser, de uma relação simbólica com o outro, antes de poder autorizar-se, sem riscos, a sentir-se bem no nível do ser com o outro[13]". Estar com o outro vem da relação objetal e para encontrar o objeto o ambiente teve que permitir ao bebê existir, estar vivo com os objetos que constituem este meio. Aquém da palavra materna, para o bebê a relação com o mundo inscreve-se nas trocas emocionais com a mãe. Se, através de sua presença, a mãe o assegura, como garantia de um espaço conhecido e reconhecível, o sentimento de segurança interna do bebê advém na alternância de sua presença e de sua ausência. É porque o bebê faz a dupla experiência de sobreviver à ausência da mãe e sua volta que ele se inscreve na vida e na relação objetal com qualquer outro, cuja ausência ele

---

[12] F. Dolto, *Au jeu du désir*, Le Seuil, 1981.

[13] D. W. Winnicott (1957), *L'Enfant et sa famille*, Paris, Payot, 1978.

saberá que não corresponde a seu próprio desaparecimento. Essas precisões permitem perceber que a ambivalência construtiva, asseguradora e pacificadora autoriza uma elaboração da perda *e* uma simbolização da angústia a ela associada. Podemos amar e odiar o mesmo objeto sem que ele seja destruído, podemos ser amados *e* odiados sem morrer, enfim, podemos sobreviver à ausência e, mais, esta parece estar no fundamento de nossa própria existência.

A clínica infantil pode testemunhar de uma adaptação recíproca defeituosa ou impossível. Tanto um quanto outro, mãe e filho, sabendo que não se trata mais de restabelecer a ilusão da unidade, devem entender-se para reconstituir temporariamente esta interioridade no exterior e transformar o fora em dentro. Aqui, Winnicott dá ao *holding* sua função integrativa, pois o modo de carregar e de sustentar a criança favorece a integração psíquica (fundada, como vimos, na identificação primária): carregando-o confortavelmente, a mãe *é* o bebê desejando encontrar uma mãe confortável. É a função continente materna: quando uma criança se vê transbordante, submersa pela tensão da excitação, da dor, do medo, do cansaço, etc, ela chora e grita, significando assim seu estado de desorganização. A função materna é então *continente* naquilo em que apenas tomá-la em seus braços basta para acalmá-la, isto é, para conter aquilo que a própria criança não é capaz de conter. "Você não está só": sabemos que a solidão, na dor, intensifica a dor. Conter não é dominar e a criança não se engana sobre isso, continuando a gritar e a debater-se quando percebe o engano da perversão daquilo que, de "terapêutico", tornou-se instrumento de dominação de uma vontade hegemônica sobre a sua. É neste movimento assim pervertido que surge um ódio materno, constituindo a criança como objeto de ódio: a clínica mostra a este respeito uma escolha matizada de comportamentos de fraqueza, de superproteção ansiosa, de sadismo... Conter não é carregar de forma inerte. É um ato que implica para a mãe o investimento de seu próprio corpo como objeto materno. Conter resulta de um pacto físico e simbólico: "Eu me abandono, já que você me sustenta. Ter nas mãos [*main-tenir*] é uma forma de amor [...] talvez o único modo através do qual a mãe possa mostrar a seu filho que ela o ama".

"Um bebê não é uma casca que flutua nas ondas[14]"...

"A criança parece crer que é amada somente após ter conseguido ser odiada", mas já ama sua mãe com um "amor impiedoso", isto é, em que amor e ódio coexistem e articulam-se.

Ora, a mãe odeia a criança por ter introduzido algo de condicional no amor, por não ter podido fazê-la escapar a seu destino: o da castração.

O ódio materno inerente e necessário a um amor materno elaborado parece inscrever-se igualmente no *processo da desilusão*. O trabalho de desilusão é um processo doloroso: efetivamente, após ter inicialmente significado *tudo* para a criança, ter-se "inteiramente dedicado a ela", ei-la que se ausenta. A perda é sempre dolorosa. Mas assinala que a criança está aceitando a "coexistência de dois pontos de vista, o da mãe e o seu". Estes não se completam. O objeto não é mágico, não surge necessariamente tão logo desejado, não se aproxima necessariamente quando está próximo, não fere necessariamente quando está ferido, não desaparece necessariamente quando rejeitado. A passagem da ilusão à desilusão, por mais dolorosa que seja, não é brutal e radical. Ela é de fato uma "zona de experiência intermediária[15]". Neste espaço, dito "transicional", pode situar-se um objeto ou um fenômeno de mesmo nome que a criança utilizará como defesa (não patológica) contra a angústia depressiva ligada à perda e testemunho de sua integração. Objeto de transição que é útil ao desiludimento, isto é, à passagem do princípio de prazer ao princípio de realidade. Quanto mais a adaptação materna às necessidades da criança perde algo de sua totalidade, mais os objetos tomam realidade e podem ser tão amados quanto odiados. A ilusão consistiria em crer que o seio fazia parte da criança e, acrescentaríamos ainda, que a criança fazia parte do corpo da mãe. A desilusão se funda sobre a ilusão naquilo que, para deixar, é preciso antes ter encontrado, para separar-se é preciso antes ter estado unido. Se a desilusão corresponde ao processo de diferenciação, ela é nisso preliminar ao processo de desmame (no sentido amplo das frustrações) e constitui o ponto em que se origina a elaboração da separação, em outras palavras, o confronto com a castração. A ilusão era apenas a de um falo materno.

---

[14] D. W. Winnicott, *ibid.*

[15] D. W. Winnicott (1971), *Jeu et réalité*, Paris, Gallimard, 1975 para a tradução francesa.

Mãe e filho iniciam agora o luto um do outro. Para ambos o objeto está para sempre perdido. Inicialmente, a criança não *tem* o objeto, ela *é* o objeto, nesse caso, perdido. O objeto perdido é o sujeito. Ela deve aceitar esta perda, e temos que realizar este luto ao longo de toda a vida. Em cada etapa, a criança deverá renunciar a uma qualidade de relação que não mais se encontrará. A restrição (desilusão winnicottiana) funda necessariamente a possibilidade de livrar-se do domínio materno fascinante que consiste numa crença neste duplo narcísico. À custa disso, a criança se constitui como outro e escapa do confronto mortífero com o mesmo. Esta emergência subjetiva requer que a mãe tenha simbolizado a dissociação do sexual e do materno, reflexo da dialética representada na cena do inconsciente entre o desejo sexual e o desejo de ter um filho. Esses dois desejos não estão definitivamente superpostos, pois não procedem das mesmas questões identificatórias e relacionais. Com uma tendência a confundi-los, o sintoma infantil, "linguagem do sofrimento materno[16]", eventualmente fará as vezes de violenta passagem do materno ao feminino.

Ora, se o universo é a mãe e se a mãe é o universo como contendo tudo, tudo conter é conter "no corte do nascimento[17]", primeiramente, o pai. Se o que vem da função materna passa essencialmente pela sensorialidade (*holding*, aspectos físicos do amor...), o materno não é apenas isso. A linguagem, como vimos, não assume a palavra "mãe" sem somar a ela a palavra "pai", e uma mulher só se torna mãe quando introduz em sua vida a palavra de um outro importante para ela e que representa, em geral, um pai. Na falta disso, encontramos o registro sacrificial em que "as mães admiráveis" e os filhos alimentados debatem-se separadamente em sua impossibilidade de viver.

O que é a criança?

O materno é a função privilegiada da mãe que vai expressar-se em atos, em dons materiais e simbólicos, fazendo de um recém-nascido uma criança. Para esta mãe, três crianças coexistem: a do fantasma que se origina em sua infância, a imaginária que gera o desejo de criança durante a gravidez, a real.

---

[16] B. This, *Le Père: acte de naissance*, Paris, Le Seuil, 1980.

[17] W. B. Bion (1962), *Aux sources de l'expérience*, Paris, PUF, 1979.

Para a criança coexistem logo de início uma mãe simbólica e uma mãe real (a(s) do dom em toda a sua acepção, inclusive a frustração). Nos braços um do outro, ambos se acalmam.

Se o nascimento resulta de um acontecimento psicológico que vê circular e confrontarem-se o inconsciente dos pais, os enunciados identificatórios da criança, etc, a existência de um bebê é impensável na ausência de cuidados. A segunda questão resulta de que a essência dos cuidados maternos em questão reside no fato de que a mãe gosta de cuidar da criança, o que conduz ao enigma do desejo da mãe.

Qual é o desejo da mãe?

Clínica

Minha clínica cotidiana repousa sobre representações de mulheres, de mães e de crianças que os pacientes adultos trazem em si. Essas imagens testemunham sobre a multiplicidade das imagens maternas que o sujeito traz em si e, no que diz respeito às mulheres, dos processos em jogo na relação e nos movimentos de identificação entre elas (como mães) e suas próprias mães. Uma mulher-mãe pode (re)investir uma posição subjetiva materna sustentável, aquela em que não se confundiriam uma mágoa de criança e uma mágoa pela criança. São as palavras maternas que, abrindo caminho em cada um, fundam a mãe interior, aquela que mantém apenas uma longínqua relação com a mãe real. A criança se dirige a essa "mãe interior". O adulto continua a se dirigir à mãe interior da pequena infância. "Ernst não aspira ao retorno de sua mãe, mas à sua partida". Quanto à imagem da mãe real, para não realizar o "assassinato", uma menina, uma mulher permanecerá cativa de um processo de separação não realizável, como presa de um encontro perdido, o de sua identidade sexual. Então talvez seja no "desejo fazer um filho na mãe, tanto quanto no outro, correspondente, de dar à luz um filho para ela" que se inscrevem as derivas maternas de que alguns abortos são testemunho e que são causa (claramente) dos infanticídios.

O processo "matricida" de que resulta o trabalho de separação da mãe real parece ter que passar por um reconhecimento da mulher que a mãe foi. É quando da passagem à maternidade sob o ângulo do parto propriamente dito que se revela o que seria muito fragilmente, e até muito falsamente, estabelecido da feminilidade na mulher e que seria posto em perigo no momento desta mudança física e psíquica.

Então, perder a mãe ou identificar-se com ela?

Duas transmissões parecem inseparáveis aqui: a do feminino e a do simbólico. A ausência da segunda bloqueia a passagem da primeira e irá se perder na "loucura" das mães[18]. A transmissão do feminino pela mãe (da mãe) coincide com nossas afirmações sobre o narcisismo que inauguraram esta obra. O narcisismo não poderia ser um dado de partida, consistiria mais num corte consigo mesmo. Se este corte primeiro for possível, poderá haver inscrição da vida. A prova da maternidade, através do risco tomado pela mulher de identificar-se com esta vida que ela "dá" (de fato, que ela transmite), levanta a questão desta inscrição como possível ou não. Talvez seja necessário supor aqui que o ódio materno, que tentamos circunscrever e definir e que não poderia ser confundido nem com a agressividade (cujo determinante seria a imagem narcísica), nem com a pulsão de morte, tem entretanto um objetivo agressivo e carregado de morte, mas por algo diferente de seu objeto (a criança) manifesto.

A criança seria, nesta hipótese, a representante do que se representa (se representa novamente) entre uma mulher (sua mãe) e a "Outra mulher[19]", ou seja, freqüentemente, a mãe da mãe. É no momento em que toma corpo a alteridade radical (a criança vinda ao mundo) que um amor atravessado de "ódio vital" (que tem relação com a castração) poderá ser inventado ou ser parasitado de "ódio destruidor" como apelo (renovado) a uma unidade total. Odiar (de modo vital, simbólico) é perder o que não se tem, positivamente. Daí necessariamente o recurso ao pai. Odiar (mortalmente, realmente) é cortar o sujeito, a criança, daquilo que ele não tem, isto é, interditar-lhe o acesso ao ser que fala e deseja, talvez do lado da pulsão de morte no sentido da ausência de um luto, ou do luto inútil e interminável de uma ausência.

---

[18] M. Benhaïm, *La folie des mères*, Paris, Imago, 1992, reedição 1998.
[19] Segundo expressão de D. Sibony.

Através da criança, uma mulher irá "explicar-se" com sua mãe e desta forma chocar-se com a (re)emergência do sentimento de culpa. É o que testemunha a clínica.

Narcisismo e culpa

Identificações narcísicas

O narcisismo primário caracteriza o tempo em que a criança investe si mesma como objeto de amor antes de investir um objeto externo. Estado anobjetal em que Eu e Isso estão ainda indiferenciados e cujo protótipo reside na vida intra-uterina, e até mesmo no sono, em todo caso um estado em que o sujeito não diferencia, não estabelece clivagem entre um sujeito e um mundo externo.

O narcisismo secundário vê o Eu se construir progressivamente através das identificações com outrem, e isso na alternância entre o investimento de objeto e o investimento de si mesmo.

Em que jogos de identificações narcísicas as mães estão presas, isto é, através de que processos elas interiorizam esta relação, sua vulnerabilidade narcísica, sua ambivalência e, enfim, as estratégias defensivas que elas elaboram? Para aprofundar o que diz respeito ao ódio e a seus aspectos ambivalentes, modifiquei a instrução de um teste projetivo destinado às crianças (o teste de Patte-Noire) e pedi às mães que contassem a mim a história que elas contariam a seus filhos[20].

Seria muito chato descrever isso aqui de modo exaustivo, assim iremos nos ater ao essencial, principalmente através de três casos clínicos, entre os quais dois dão conta da questão da ambivalência mais ou menos contornada, mais ou menos elaborada, e um resulta de uma psicopatologia da relação mãe/filho.

Em todas as aplicações de testes em que as mães cooperaram com uma espécie de "cumplicidade", um "implícito" recobria um segredo imaginário em torno da procriação e da relação privilegiada entre a mãe e o

[20] A idéia é de J.-J. Rassial. Agradeço a ele por tê-la transmitido a mim.

bebê, segredo que une as mulheres entre si e que pretende se constituir como um poder ameaçador para os homens, aos quais nossos sujeitos freqüentemente não oferecem o menor espaço. Estes segredos são uma das ancoragens mais operantes da identificação feminina.

a) Guémaelle

"O que há de pior para uma criança é o medo de perder seus pais", assim Guémaelle inaugura suas "narrações", como para colocar logo de início o enquadramento de sua problemática invertida, que, aliás, num segundo tempo, se expressará assim: "Se eu não o tivesse mais (meu filho), eu não seria mais nada".

Enquanto que os papéis se superpõem a favor do mecanismo da projeção, as identificações revelam a impossibilidade, para ela, de assumir esta dupla posição, pois "Charrete[21] " será a prancha menos apreciada. Ao mesmo tempo que a identificação segunda tenta um distanciamento no fantasma, a ambivalência aí se aloja, porque "eu (ela diz) seria a criança levada no caminhão e a mãe poderia ser aquela que sonha com esta cena". Ambivalência cujo surgimento pré-consciente (a mãe seria, portanto, a testemunha passiva desta separação vivida projetivamente como dolorosa e mortal, mas, ao mesmo tempo, "isso nada tem a ver com ela", pois ela "sonha") é logo diminuído por Guémaelle, que retifica: "Poderia ser o inverso, se é a mãe que é levada, é a criança que sonha".

Ressaltaremos que, em todos os casos, parece que a mãe ou a criança são sacrificadas no altar por uma separação que não pode ser vivida sob o modo necessário de "reencontros" possíveis.

Assim, na prancha "Charrete", de que se espera sustentar as representações agressivas mortais, diretas ou indiretas, às vezes voltadas contra si, e finalmente que funcione como suporte privilegiado da expressão dos sentimentos de culpa, as mães ora se projetam "no lugar da criança", num dizer aparentemente desprovido de ambigüidade, "sou levada", "ainda que uma

---

[21] Segundo D. Anzieu, *Les Méthodes projectives*, Paris, PUF, 1970. "Charrete": Conteúdo manifesto: Patte-Noire deitado na palha. No balão, um homem coloca um porquinho na charrete. Dois porcos grandes e dois porquinhos olham a cena. Conteúdo latente: pode remeter à angústia de separação e/ou à agressividade nas relações familiares.

criança seja uma criança inteira, ela é composta pelo pai e pela mãe... faço parte dela", ora fazem da mãe uma testemunha passiva, quase não implicada e impotente para salvar a criança sem que esta posição pareça questionar, "os pais estão confusos, a mãe está triste", "e a mãe olha os pequenos que o fazendeiro leva ao abatedouro, é muito bonito", ora revelam uma impossibilidade de projetar se em tal situação, como se a separação não pudesse encontrar um lugar psíquico de desenlace, qualquer que seja ele, "eu não estaria em nenhum lugar", ora a separação é negada e a mãe pode apenas tentar resolver a questão através de um "vou embora com ele".

No lugar em que se encontram três correntes pulsionais, amar, odiar e desejar conhecer, enoda-se o laço de amor no qual o objeto de investimento, a criança, verá confundirem-se seus traços com os de sua mãe, ou, ao contrário, será considerada como total, respeitada em sua alteridade.

Os elementos trazidos à luz durante uma mesma aplicação de teste serão incessantemente comparados para dizer algo do caminho de que se reveste a ambivalência para atravessar de ódio separador o laço de amor materno.

Dois tipos de fantasmas: os primeiros correspondem a uma identificação somente possível para a mãe boa (aquela que dá, que alimenta) e para a mãe em posição filial (aquela de quem se cuida), às vezes como se a condição segunda fosse necessária para que a primeira adviesse. Assim, sobre a prancha "Ninhada[22]", Guémaelle pôde dizer: "Aqui, é a maternidade. Os bebês representam o amor. É tudo o que eu gostaria de ter sido, cuidar e ser cuidada", e, elegendo "Ninhada" em suas Preferências-Identificações, isto é, num tempo, num espaço de desvelamento do fantasma: "Eu vou ser a mãe, a mãe está satisfeita com o fato de que venham dar-lhe de comer, que a mimem... enquanto ela alimenta seus filhinhos".

Esse tipo de fantasma atravessa identificações somente possíveis a uma mãe pouco ou não diferenciada, estado de regressão narcísica às vezes

[22] "Ninhada": Conteúdo manifesto: três recém nascidos mamam na porca que por sua vez lambe a gamela enchida por um dos fazendeiros. Ao fundo, um outro fazendeiro segurando a palha. Em primeiro plano, atrás de uma cerca, três porquinhos, Patte-Noire no centro. Conteúdo latente: nascimento e relações precoces com a imagem materna eventualmente num contexto de rivalidade fraterna.

fortemente expressa como em Malika, que, no tempo primeiro das defesas, grita: "Esta é a mais bela das maravilhas do mundo!... são três filhas...!"; depois, elegendo "Ninhada" como "a preferida", acrescenta: "É um momento em que a mãe e o bebê não pensam. Eles são. A mãe torna-se importante... ela fez uma proeza... ela criou um ser vivo... ela é sagrada: uma mulher grávida é como a igreja, é raro que seja sacrificada".

Para Guémaelle, "Beijar[23]" não chama uma identificação materna ou feminina numa relação amorosa, o amor "era os bebês", isto é, a maternidade/nascimento e não a relação com um homem, mas uma identificação regressiva na qual ela se situa como a criança, olhando para "tudo o que eu gostaria de ter visto".

A prancha que evoca a relação privilegiada com a mãe de um modo oral sustenta a identificação narcísica materna de modos diversos: com a observação de "Mamada 1[24]", Guémaelle murmura de modo pensativo e triste que "ainda assim é sua preferida". O fantasma a ela associado revela o lugar que ela ocupa, numa posição de regressão não camuflada: "Eu seria o bebê que mama". Guémaelle, sobre os traços fusionais de Malika, faz o seguinte lapso, aparentemente sem análise: "Ela mama em seu filho"... "É uma impressão de solidão". Sozinho(s), mesmo a dois? Mas serão realmente dois estes seres que podem sugar-se um ao outro?

Nos outros lugares em que surge algo da identificação narcísica materna, os sujeitos convocados nesse registro alternam entre as próprias projeções como apenas "boas", num primeiro tempo: "A fada[25] sou eu, ela dá bons conselhos, tranqüiliza, lhe dá sua boa estrela", e a reintrodução, na cena do fantasma, daquilo que, vertente depressiva, só pode ser suporte de culpa: "Os anjos são também a morte. Na história, a mãe está morta. Talvez isso se passe em momentos difíceis, talvez em momentos em que a criança tem vontade de ser mimada por sua mãe e ela não está".

---

[23] "Beijar": Conteúdo manifesto: em primeiro plano, dois grandes porcos. Em segundo plano, um dos porquinhos atrás de uma mureta. Conteúdo latente: pode remeter a uma problemática de tipo edípico.

[24] "Mamada 1": Conteúdo manifesto: Patte-Noire mama no grande porco com a mancha preta. Conteúdo latente: aproximação com a imagem materna num contexto de relação privilegiada.

[25] Prancha representando uma Fada porco permitindo a Patte-Noire expressar três desejos.

No centro desse sentimento de ser culpada por ter abandonado a criança pela ausência, uma interpretação mais aprofundada poderia dar conta do desenvolvimento "normal" da criança em seu trabalho de desilusão winnicottiana, tornado estruturante através do trabalho de criação que a criança deverá então realizar: Ernst faz "reaparecer" a mãe ausente, Patte-Noire também. Mas, ali onde, para Ernst, a invenção do jogo do carretel e sua denominação "Fort-da" simbolizavam seu próprio lugar de criança separada, Patte-Noire não elabora nenhuma estratégia de transformação da angústia: a fada boa contenta-se em substituir-se à mãe má, sem poder considerar que isso poderia ser a mesma coisa. Tema retomado insistentemente por Guémaelle, que, em seguida, comenta seu desenho do "*Sonho de Patte-Noire*[26]": "Que ele vá onde quiser ir, o que sua mãe aliás não pôde fazer... não sei se ela pôde fazer muita coisa".

Onde fracassou, em que falhou "aquela ali"?

b) Marie-Sophie

Para Marie-Sophie, ao contrário, "Beijar" assinala a base possível da história do pequeno Patte-Noire. Sem a relação primeira mãe/pai, a narração não poderia se estabelecer: "É a história de um porquinho com seus pais que se amam". Marie-Sophie impede seu filho de partir na prancha "Partida[27]" e lamenta: "preferia que o porco tivesse chegado pelo outro lado, ele volta para sua mãe".

Marie-Sophie, separando as pranchas em "apreciadas" e "não apreciadas", cliva o mundo, esperando poder assim manter uma dependência da criança em relação a ela: "Separei Patte-Noire de seus pais e Patte-Noire de seus irmãos e irmãs". Aliás, a continuação da entrevista está repleta de cortes: "Não *gostamos* de ver partirem nossos filhos" torna-se universal no indefinido do "nós". Entretanto, ela nos indica um modo de resolução singular desta questão: "Meu filho teve um traumatismo craniano enquanto eu

---

[26] Propus às mães, no final da aplicação do teste, que fizessem um desenho do sonho de Patte Noire.

[27] "Partida": Conteúdo manifesto: um porquinho numa estrada do campo. Conteúdo latente: relação de dependência e angústia de separação.

tomava banho, e agora eu o levo comigo para o banheiro", questão a se (des)enodar no lugar em que o sexual e o materno não podem se desfazer.

Culpa, falha e punição

a) Guémaelle

A culpa atravessa o estado quase depressivo de Guémaelle quando ela evoca a "impotência dos pais". "Sempre tive medo de perdê-lo, de que algo lhe aconteça", diz ela, elegendo *Charrete* como prancha suporte de narração, explicando que nunca conseguirá contar "esta história" a seu filho. É no desvelamento do fantasma subjacente que "esta história" se nomeia em meias-palavras: "Enquanto mãe, seria a observadora desta cena conhecida; a criança corre risco de morte".

Uma criança corre risco de morte e sua mãe fica impotente para salvá-la. De que criança se trata aqui? O fato de que seja uma cena "conhecida" nos informa sobre a posição subjetiva ocupada então por Guémaelle, que toma consciência da confusão sozinha: "Eu me atrapalho, numa hora sou a mãe, noutra o porquinho". Quem, ou o que ela não socorreu? O casal parental de sua própria infância, em perigo, casal do qual ela conserva a lembrança de uma ausência de ternura e de diálogo, de uma frieza que ainda a perturba? De que, ou de quem ela não é digna? Do amor de sua mãe que a exclui até hoje da célula familiar, sem nenhum conflito que o justifique manifestamente?

A impotência materna para salvar o filho insiste quando, com lágrimas nos olhos, Guémaelle, na prancha *Buraco*[28] , projeta "uma angústia da noite, estar só nos pântanos" e resolve o insuportável do sentimento de culpa no modo da denegação desta última e de uma parte deste ódio inominável. "Finalmente tudo desaparece, tudo o que poderia ser perigoso". Não podendo projetar-se num processo identificatório, "eu não estou aí", supomos que ela faz parte de "todo" esse perigo que desaparece.

---

[28] "Buraco": Conteúdo manifesto: durante a noite, Patte-Noire num buraco com água. Conteúdo latente: medo da separação num contexto de perigo.

Em tal contexto, não nos surpreendemos com o fato de que Guémaelle ressalte o *tema da mancha preta* da qual Corman faz o suporte privilegiado de uma culpa depressiva. Efetivamente, se Patte-Noire parecia ser "o preferido de sua mãe", em *Mamada* 1, "é talvez porque eles tenham a mesma mancha".

Enquanto Guémaelle recompõe seu modo defensivo durante o desenho do "*Sonho de Patte-Noire*", ela luta contra a depressão e a culpa, "seu sonho é o de que sua mancha preta lhe sirva de passe".

O mecanismo que consiste em projetar a culpa no exterior já se esboçava através de um dos três desejos que a fada deveria realizar, no qual Patte-Noire não deveria "acreditar-se mais forte que os outros". Finalmente, a culpada é a criança.

b) Marie-Sophie

É ela quem ilustra com mais evidência a ambivalência materna sob o modo da falha imputada à criança, mas sancionada inconscientemente pela mãe. Efetivamente, os três desejos de Patte-Noire têm como condição a reparação de uma falta imaginária – "Prometo que nunca mais serei mau" – e os votos consistem numa proteção da criança pela figura materna que a fada representa: "que ela não encontre lobos ou gansos maus", "que o fazendeiro não a leve em seu caminhão". O fazendeiro sem dúvida assume os traços do pai ou mais exatamente de qualquer um que venha ocupar um lugar de um de seus Nomes no discurso de Marie-Sophie, o que será confirmado na entrevista depois do teste.

Entretanto, quando se propõe a Marie-Sophie imaginar graficamente o *Sonho de Patte-Noire*, ela desenha e comenta: "Há um lobo e Patte-Noire treme". Aqui não há nenhuma necessidade de material projetivo suporte para que a relação mantida com a castração pela mãe (em sua própria problemática e naquilo que ela transmite à criança) se elabore no modo único do interdito superegóico. Ela, de fato, não "consolará" a criança por esta ter "encontrado o lobo".

Durante a entrevista após o teste, a figura do fazendeiro "que leva em seu caminhão" revela seus traços: "quando meu filho está comigo, eu não me preocupo... mas quando ele está num carro com outra pessoa, isso é o que mais me angustia... estou sempre dizendo 'coloque o cinto, coloque o cinto, coloque o cinto', fico preocupada e angustiada sobretudo quando é seu pai ou alguém da família de seu pai que dirige". A entrevista chega ao fim com essas falas que provavelmente remetem a uma culpa mais infantil do que atual: "esqueci de dizer que a prancha em que ele faz xixi (*Gamela*[29]) não me agradou absolutamente porque meu filho ainda faz xixi na cama".

Será que é porque ele "treme de medo que o lobo o leve?".

A ambivalência materna amor/ódio, trazida à luz pela clínica do narcisismo e da culpa, encontra sua inexorabilidade no que relata Meltzer: "Mesmo nos momentos de comunicação muito satisfatória, mesmo com o seio na boca, a mãe transmite uma mensagem ambígua, pois, afastando do interior (do *infans*) os elementos devoradores, ela dá uma coisa explosiva, que só ele deve expulsar. Para dizer a verdade, ela é ao mesmo tempo doadora e tomadora, tanto de boas quanto de más coisas[30]".

Agressividade, violência e ódio

Se tivéssemos que definir estes três conceitos para diferenciá-los, diríamos rapidamente que a agressividade, enquanto tendência fundamental do psiquismo, atualizando-se em condições reais ou fantasmáticas, será ilustrada por aquilo que na clínica corresponde às imbricações pulsionais (pulsões eróticas/pulsões de morte), numa vertente negativa (recusa a socorrer a criança em caso de perigo, por exemplo), ou positiva ("a culpa é dele, ele foi punido").

Quando a ambivalência ultrapassa o campo "normal" em que coexistem no mesmo plano amor e ódio em relação a um mesmo objeto, no caso, a criança, a agressividade se torna hostilidade propriamente dita e se transforma, simbolicamente, ou em atos, em violência.

Por isso reservaremos o primeiro termo, agressividade, àquilo que resulta da dissociação do sexual e do materno com relação à criança – Freud

---

[29] "Gamela": Conteúdo manifesto: a cena se passa no interior. Em primeiro plano, Patte-Noire urina na gamela maior de duas gamelas. Em segundo plano, dois porcos maiores e dois menores estão deitados, de um lado e de outro de uma cerca. Conteúdo latente: a prancha pode remeter à expressão da agressividade em relação às imagens parentais.

[30] D. Meltzer, *Le Développement kleinien de la psychanalyse*, Bayard, 1984.

associava a "pulsão agressiva" à sexualidade, parte da pulsão de morte voltada para o externo – e o segundo termo, violência, a tudo que se refere ao "capricho" materno, isto é, à relação em que a mãe sobrepõe seus cuidados dedicados à criança e um abuso da força com o objetivo de coagi-la.

Quando as pulsões se imbricam

O objeto materno atribuir-se-á alternativamente uma função de proteção, ou, ao contrário, de agressão, sob os traços de uma imbricação entre as pulsões de vida e as pulsões de morte.

O que essa mãe censura em Patte-Noire? De onde ela enuncia seu desejo?

a) Guémaelle

"Há uma impotência dos pais para intervir" inaugura o discurso projetivo de Guémaelle quando, em *Charrete*, ela se identifica com "a mãe, observadora desta cena. A criança é Patte-Noire, em risco de morte".

"Uma criança corre risco de morte".

Assim poderia estruturar-se o fantasma que captura a criança no desejo ambivalente da mãe e esta última decidirá, levada por uma "pulsão agressiva" passiva, não tentar salvá-la daquilo que, no entanto, é sempre identificado por ela como um perigo.

"O pequeno sente dor, ninguém o defende, ele está só", dirá Guémaelle quando, confrontada com *Ganso*[31] , ela se projetar "naquele que olha".

Como em *Charrete* e *Ganso*, ela permanecerá cativa dessa posição espectadora que funciona nesse sujeito como uma defesa contra a agressividade sempre latente que não pode ser verbalizada na prancha Batalha[32] , na

---

[31] "Ganso": Conteúdo manifesto: à esquerda, um ganso agarra o rabo de um porquinho. À direita, um outro porquinho, meio escondido atrás de um murinho. Conteúdo latente: relação de agressividade *versus* castraçao.

[32] "Batalha": Conteúdo manifesto: Patte-Noire e um dos pequenos brancos se mordem. O terceiro porco se afasta. Em segundo plano, o casal de porcos grandes. Conteúdo latente: pode remeter à agressividade e aos sentimentos de culpa associados.

qual ela poderá supor novamente que Patte-Noire "sente dor" e se identificará com a "mãe que olha".

Em Guémaelle, o exame das outras respostas projetivas a pranchas em que a criança não está numa má posição revelará tratar-se aí de uma agressividade difusa da qual a imagem do pai é suporte. "O que é engraçado é que ele urina na comida de seus pais quando eles se viram e os irmãos e irmãs dormitam. Ele faz isso do lado do pai, porque se o pai vier comer, será ali. Zomba de seu pai". Além disso, na prancha *Gamela*, mãe e filho são iguais, "eu durmo em cima e à esquerda, e o filho também". Cúmplices, mãe e filho, "contra" o pai, no modo agressivo passivo com o objetivo não de eliminá-lo, mas de não salvá-lo. Eles dormem. A agressividade já havia sido dirigida da mãe para a criança em sua vertente "passiva", na qual nada se tentava para salvar a criança. Agora ela é dirigida da criança (eventualmente confundida com a mãe) para o pai em sua dupla vertente. Mais "ativa", de fato, como em *Jogo sujo*[33], que Guémaelle percebe como "divertida, porque o pai a leva em cheio" e "a mãe não está presente". Assim, para Guémaelle, a violência toma a via agressiva para revelar-se e trazer à luz aquilo que, da pulsão de morte, está sempre à beira de transformar a agressividade "normal", estruturante e balizadora do processo de separação mãe/filho, em violência cuja saída, ainda que não realmente agida pela mãe, será fatal para a criança.

b) Marie-Sophie

Na progressão cronológica da primeira escolha das pranchas efetuada por Marie-Sophie, percebe-se o caminho tomado por esta mãe para, por um lado, contornar a agressividade dirigida para a criança, como em *Charrete*, onde "era uma vez Patte-Noire que dormia profundamente num ninho de palha e de repente sonha que um senhor leva... todos os porcos para o abatedouro"; mas, aqui, Patte-Noire consegue escapar. Por outro lado, para

---

[33] "Jogo sujo": Conteúdo manifesto: perto de um monte de estrume, dois porquinhos brincam na água suja. Um deles joga água no desenho de um porco grande. O terceiro porquinho está fora. Conteúdo latente: agressividade em relação a uma imagem parental num contexto carregado de analidade.

projetar a saída errada resultante deste movimento pulsional agressivo sobre a própria criança, culpada de tê-lo gerado. Assim em *Ganso*, onde, tendo conseguido fugir, Patte-Noire "chega à cidade vizinha, no criadouro, onde esperava por ele uma gansa que não queria ali nenhum porquinho feio". Aliás, por ter cometido o "erro" na origem do sentimento agressivo materno (na verdade, simplesmente ambivalente), este mesmo fonte de culpa materna, a criança deverá pagar (ser sacrificada), pois, devendo escapar novamente, "correu durante muito tempo e a noite chegou. E ela se perdeu". Assim, a prancha *Buraco* concluía a história de Marie-Sophie, que continha, numa primeira escolha, apenas essas três pranchas.

Mas, quando surge a angústia em relação à "perda" do filho, Marie-Sophie retoma as pranchas, decide prosseguir a história e restitui mãe e filhos como "bons": Patte-Noire, sonhando então com sua mãe e com seu pai, revê "os bons momentos passados na fazenda", portanto num tempo anterior à separação. A história, com as defesas assim solidificadas, prosseguirá como a "bela aventura" e é somente no fim, no momento dos três desejos, no desenho do *Sonho de Patte-Noire* e da entrevista, que veremos reaparecer pontos de violência resultantes da projeção identificatória de Marie-Sophie em posição materna, que deseja que Patte-Noire "não encontre lobos no caminho porque ele tem medo de lobos e de gansos maus porque ele tinha uma gansa que...". Assim ela (re)coloca paradoxalmente a questão, ainda que qualquer elemento manifestamente perigoso tenha sido afastado, por um lado, da criança em risco de morte e, de outro, da "falta" sobre a qual se pode supor responder à sua própria questão relativa à problemática da castração.

Efetivamente, a associação que se segue (o terceiro desejo) fará com que ela deseje que "o fazendeiro não o leve em seu caminhão". Ora, já observamos que a figura do "fazendeiro" poderia bem corresponder à figu ra paterna...

Durante a entrevista, Marie-Sophie com efeito havia de fato explicado sobre seu filho: "quando ele está comigo, não me preocupo. Ele pode cair, não vou pegá-lo... o que me angustia é sobretudo o percurso no carro com outrem... sobretudo quando é seu pai quem dirige"... o caminhão? Aquele que leva o pequeno num registro fora do materno? Longe de seu olhar?

Da mesma forma o comentário que acompanhava a elaboração do desenho do *Sonho de Patte-Noire*, no qual Marie-Sophie insistia para projetar aí, e até mesmo representar aí (apelando aqui para o "mostrar" e para o "ver") um "lobo na noite e ela (a criança) está ali, tremendo", enquanto que, onde o "sonho" se prestava manifestamente a isso (*Charrete*), Marie-Sophie evita e faz com que a criança efetive o risco de morte (de fato, Patte-Noire escapa novamente ao fugir); ela recompõe aspectos disso no desenho, isto é, sem outro suporte além de seu próprio fantasma, e insistindo claramente: "em geral, e é por isso que eu coloquei, os lobos despertam medo nas crianças", diz ela, como para mostrar-se totalmente incluída na direção de seu ódio à criança. E ela precisa, na entrevista que se segue a essa projeção (cujo contexto transferencial que nos diz respeito não nos escapa), o lugar ocupado pela criança nesse fantasma: "tenho medo que ele atravesse o pára-brisa, é o que me angustia mais... ele teve um traumatismo craniano... caiu duas vezes da escada... em minha casa há muito material elétrico espalhado... e pedras debaixo do balanço...".

De todos esses perigos que balizam seu percurso, a criança até então sempre escapou, salva a cada vez, e às vezes "in extremis"... por sua mãe.

A ambivalência, que consiste aqui em abandonar a criança aos lobos, ao mesmo tempo que é salva da eletrocussão, responde ao processo projetivo de Marie-Sophie, que apreende o objeto, no fim da aplicação dos testes, como podendo ser ao mesmo tempo "bom" e "mau", amado e odiado, salvo e sacrificado; "*Croc-Blanc* está afixado na parede de seu quarto, é um *lobo gentil*". Até aqui o "bom" estava clivado do "mau" a ponto de não poder recair sobre o mesmo objeto, o pai (se) dirige mal, seu próprio pai (se) dirige bem, e ei-los reunificados na figura de Croc-Blanc. Aparece enfim, como resposta à realidade da relação com o filho, que ela não pára de salvar de perigos por ela mesma estabelecidos, que a alternância abandono/salvamento é decididamente o único reconhecimento de uma ambivalência operante.

Marie-Sophie precisou concluir nosso encontro contando o filme de "um menino que *também* (?) tem problemas psicológicos porque sua mãe morreu... ele encontra um cachorro, seu dono também morreu, ele ficou sozinho...", eis aí dois personagens unidos pelo abandono..., "o menino vai salvar um amigo que está se afogando... ele o salva, mas é levado pela corrente"... é um ou o outro? A vida de um só pode repousar na morte de outro, no seu sacrifício? Felizmente, aparece um terceiro para interromper o processo mortífero, o cachorro salva o garoto, mas ao mesmo preço "ela é levada também", é uma cadela (figura materna como último recurso?)...", "ela morreu normalmente... mas volta e é o fim do filme".

De abandono em abandono, de salvamento em sacrifício, de risco de morte em salvamento, seu filho não passou através do pára-brisa e recuperou-se bem do traumatismo craniano. Por outro lado, se *Gamela* fez com que Marie-Sophie dissesse "não ligo para essa aí! Ele faz xixi no monte de areia, eu não sei o que é...", seu filho "sempre faz xixi na cama"...

A transmissão aqui são pedaços de silêncio extraviados.

O "capricho" materno

O capricho é a forma infantil do desejo.

O suporte projetivo constituído por Patte-Noire nos permitiu observar de que modo, em geral, as mães podem apenas, nesse primeiro tempo em que se trata para elas de evocar sua relação com a criança, situar-se de um lado do desejo materno e instalar a criança num "todo-amor", um amor total, primordial, que desejaríamos totalmente desprovido de matizes agressivos e *a fortiori* violentos.

Pudemos observar igualmente que, para os sujeitos solicitados nesse estudo, esta face única do desejo materno não se sustenta por muito tempo, no sentido de que se revela rapidamente insuficiente para suportar as identificações maternas, e o discurso que sustenta a criança é, de um modo ou de outro, matizado de violações nesse "amor-todo".

Nossa hipótese torna-se mais precisa e avançaremos em direção a este lugar em que, se apenas a segunda face, a que em geral tempera o amor atravessando-o de ódio, pode sustentar a criança no fantasma, no discurso e no comportamento maternos, recaímos no "capricho" materno, termo que deixa entrever de que modo a criança se faz objeto real, mais ou menos, no imaginário materno em questão. Tanto quanto o amor inteiro e total em que uma parte de ódio não faria ruptura, o ódio-todo pode operar e verter, no plano relacional, para o campo da violência exercida com relação à criança.

"Somente amar" tanto quanto "somente odiar" poderiam vir desta economia psíquica à qual a mãe sacrifica a criança e que lhe evita confrontar-se com a perda, sendo materna nos dois casos, enquanto todo-poder. Respondendo à "toda-mãe", a criança "todo-objeto-de-capricho"... Nessa dissociação impossível do sexual e do materno, a criança se vê submetida aos movimentos de regressão e de agressão de sua mãe. De vez em quando (no melhor dos casos), às vezes imediatamente (no pior dos casos), a criança deixará emergir um sintoma (mais, ou menos grave) como para retomar seu fôlego nesta invasão pulsional, nesse acúmulo de "cuidados" (podendo caber aí os maus-tratos, "cuidado" materno patológico) e salvar um pouco aquilo que ainda pode ser a verdade de seu ser.

Annelyse

Annelyse ilustra o que pode ser uma eventual relação patológica mãe/filho. Certamente, ao contrário das vinhetas clínicas que acabam de ser evocadas, nada de espetacular emerge em suas projeções, nem em seu discurso na entrevista. No entanto, os mecanismos psíquicos operantes ao longo do encontro (Patte-Noire + entrevista) trazem à luz vários pontos suscetíveis de embasar nossas hipóteses de partida e o modo como se colocavam no início desta pesquisa.

Se, como supõe Corman[34], o *Frontispício*[35], como primeira prancha proposta, suporta a problemática essencial e maior do sujeito que com ela se confronta, parece que Annelyse projeta aí imediatamente uma (con)fusão pais/filhos na qual, literalmente, as imagens se combinam.

"Isto é uma mamãe, há um seio, isto é um papai, um porco macho e um porco fêmea, e a fêmea está aí (ela mostra Patte-Noire), e o pai, aqui (ela mostra um dos dois pequenos brancos), e... há um a mais. Eventualmente é o filho, já que ele tem o mesmo tamanho".

---

[34] L. Corman, *Le Test de Patte-Noire, une dynamique nouvelle de la projection*, Paris, PUF, 1961.

[35] Primeira prancha do teste, representando o casal de grandes porcos e os três porquinhos na grama.

O filho teria o mesmo tamanho que os pais?

O fato de que Annelyse tenha entrado imediatamente na confusão e na negação de qualquer lógica perceptiva, o tom que enquadrava essas falas, extremamente seguro, já agressivo, num quadro que não permitia dúvida, e com agressividade pontuada de violência contida, todos esses elementos provocaram em mim um sentimento de estranheza que os dados clínicos apenas "objetiváveis" não poderiam ser suficientes para justificar. Estranheza em que nos sentimos mergulhados às vezes com pacientes psicóticos, sem que eles precisem para isso delirar ou evocar alucinações, mas simplesmente por aquilo que sua presença no mundo instala na relação terapêutica.

Sobre esse sentimento contratransferencial, assim alimentado pelo conteúdo da projeção, situarei a hipótese de que, se, nem Annelyse, nem seus filhos, são realmente psicóticos, a relação que os une tem pontos de desconexão com a realidade, de impossibilidade de dar um sentido ao mundo que nos fazem supor uma relação mãe/filho construída de modo "psicótico".

O primeiro elemento, fora de nossa intuição clínica, reside nessa impossibilidade de Annelyse de diferenciar o mundo adulto do mundo infantil, as imagens parentais das imagens infantis e, sobretudo, Patte-Noire de sua mãe.

Minha intervenção, "esses dois são o mesmo?", vem de dois registros: por um lado, uma certa espontaneidade advinda da estranheza na qual me colocava a confusão inesperada de Annelyse e, de outro, do "projeto" de fazer terceiro e corte nesse "sonho" sem falha, sem espaço para a dúvida, isto é, para um outro. Annelyse parece então poder emergir do corpo no corpo e, se ela "não sabe, vendo apenas três porcos" num primeiro tempo, ela acaba por dizer, como numa descoberta: "Ah! são os bebês, certamente, porque eles são pequenos!".

Aproveitando a evocação de uma ordem de grandeza, pergunto a idade eventual dos "pequenos". Somos informados então, sempre no registro de uma ausência de lógica notável, que os *"bebês" têm dois, quatro e seis anos* (Patte-Noire), isto é, idades inadequadas para bebês. Este é o elemento que nos indica uma certa distância da realidade.

À questão do sexo desses "pequenos", Annelyse, num primeiro tempo, responde racionalizando: "Patte-Noire se parece com sua mãe porque ele tem a mancha, mas um menino pode parecer com sua mãe e uma menina com seu pai... uma menina pode brincar com carrinhos e um menino com bonecas..." – mecanismo de defesa que serve para contornar o insuportável que cerca a questão do sexo e que um lapso de Annelyse acaba trazendo à luz: "eu não atribuo *sexualidade* aos pequenos..." . Podemos nos perguntar onde isso a teria levado.

Pais/filhos indiferenciados, bebês/crianças indiferenciados, sexos indiferenciados, a tripla confusão ressoa com os fatos que, veremos mais adiante, colocam hoje Annelyse num perigo materno, porque está em questão internar seus filhos ou confiar a guarda aos dois pais.

A partir da primeira escolha de imagens e até o fim do encontro, algo de perturbador vem da agressividade que invade o tom e o discurso de Annelyse, agressividade dificilmente dissimulável sob sorrisos educados dirigidos a mim, e da violência dos "atos" (levanta-se com freqüência, joga violentamente as pranchas sobre a mesa, faz gestos amplos, dá sinais de impaciência, de irritação).

Num primeiro momento, Annelyse (recusando todas as propostas) não quer escolher e decide, portanto, tomar todas as pranchas como suporte de narrativas. Proibindo-se de encontrar nelas uma ordem, elegerá no entanto *Ninhada* como primeiro suporte para, mais uma vez, ser incapaz de perceber nela uma estrutura materna e maternante simples: "a mãe teria tido três bebês porquinhos... trata-se então de uma outra família...".

Se seguirmos a cronologia imposta (e que se impôs a Annelyse) por Annelyse, notamos um defeito perceptivo nítido no momento do confronto com *Charrete* – "isto é o quê?" –, como se a problemática da separação fosse decididamente imperceptível. O que se segue permanece descritivo, Annelyse parece fazer aqui a abstração de qualquer afeto e fica "colada" aos desenhos e à fiel descrição de seu conteúdo manifesto, como se a negação estivesse ligada ao próprio processo da projeção. E isto até a prancha *Cabra*[36], da qual Annelyse desconfia: "Imagino que aqui se deve ver alguma coisa"; é onde o que ela pode perguntar vem da incerteza de uma mãe de ser realmente mãe. Incerteza que em geral habita o registro do pai, "que a cabra não induza confusão com a verdadeira mãe".

---

[36] "Cabra": Conteúdo manifesto: Patte-Noire mama numa cabra. Conteúdo latente: relação com um substituto materno.

Em seguida, na prancha *Buraco*, Annelyse se perde numa indiferença enunciada em relação ao destino da criança, percebido como mórbido: "aqui seria ou não o fim, não é importante...". Depois de ter optado por um destino feliz no qual Patte-Noire encontra sua família, "ele encontra sua família... está muito contente", Annelyse pode retomar *Charrete* e confrontar-se com a questão da separação (que se tornou, aparentemente, menos importante e menos angustiante depois da questão da morte de Patte-Noire em *Buraco*, uma separação definitiva e real...).

A questão da separação foi uma vez mais resolvida à maneira da falha perceptiva defensiva: "Os porcos são levados ao abatedouro, mas *sua família permanece inteira...*".

Finalmente, no momento em que Annelyse parece poder abordar a perda, ela não consegue se desfazer da angústia suscitada por esta última e, *a fortiori*, simbolizar esta perda como falta, recomeçando rapidamente a racionalizar abundantemente e perder-se em explicações sobre uma função materna ideal, que nada mais tem a ver com *Charrete.*

A violência mal contida de Annelyse se intensifica quando ela deve classificar as pranchas em apreciadas ou não apreciadas: "Ah, não! isso eu não posso fazer!". E novamente o campo do indiferenciável conterá esse choque/recusa, "porque os desenhos são todos iguais". Escolher poderia significar que algumas questões são mais atuais que outras, mais concebíveis que outras, e Annelyse chegará a não ouvir minha insistência, dizendo: "classifico por semelhança e não por preferência".

Reunir, ligar parece assegurá-la, ali onde eu havia pedido para separar, desfazer, desunir.

À minha terceira proposta de classificação das pranchas por preferência, Annelyse decide classificá-las "por ordem de normalidade". As coisas se tornam então muito confusas, o tom sobe, entrecortado por momentos em que ela cantarola. Quando uma ordem parece convir, ela (re)mistura tudo e recomeça a classificar febrilmente. Esta confusão parece articular-se à impossibilidade, para Annelyse, não somente de fundir-se com a criança ou de clivar-se dela radicalmente, mas de identificar-se com uma mãe, qualquer que seja ela. Nem toda, nem nada. Por isso percebemos a relação materna como patológica na vertente "psicótica", no sentido de que, no início, haveria ausência de relação. Para que uma relação objetal possa se instalar, é preciso que um objeto possa ser apreendido, inclusive como objeto real que vem suprir a falta para sempre.

Parece que a função materna, sua "ausência", repousa aqui no modo do "mesmo". Este "mesmo", ou ainda o "sem outro", justificaria a notável ausência de sentimentos de culpa, tanto em relação à vida quanto em relação à morte, de um ponto de vista pulsional, a transferência dos sentimentos agressivos, violentos e cheios de ódio para minha pessoa, enquanto lugar psíquico de onde emana uma demanda (no caso, a de responder às proposições do teste projetivo). Transferencialmente, à demanda, qualquer que seja ela, Annelyse só pode responder com recusa, choque, denegação ou desmentido [*déni*]: como numa negação do outro que demanda e até mesmo numa impossibilidade de perceber a existência deste outro.

O efeito de sideração que capturará Annelyse nas perguntas "Onde está você, onde está a criança nesses desenhos", das quais se espera desencadearem os processos identificatórios, também abunda nesse sentido. A agressividade/violência será então dirigida para o próprio material, que Annelyse dirá "estragado" e, portanto, impossível de interpretar. Enfim, ainda na cena da transferência na prancha *Ninhada*, um último elemento se revelará, conduzindo a uma hipótese de relação psicótica mãe/filho, que tomará toda a sua dimensão patológica quando Annelyse, em vez de se adaptar ao material, fazendo o jogo da projeção, escolherá adaptar o material a seu pensamento, modificando-o, como única possibilidade de encontrar um "lugar" para a criança: "estou aqui (*mostra a mãe*)... Patte-Noire, já que são suas aventuras, estaria ali (*sob a mãe*), não, por que ele não está lá embaixo? Espere, é porque além de tudo a imagem está estragada! É ele? (*mostra o que está no centro e olha*)... Oh! é preciso que eu recomece tudo (cada vez mais defensiva e agressiva)?

Veja, se fosse... espere... se for Patte-Noire, isto significa que é uma outra mãe e uma outra família... eu não escolheria uma história tão complicada... (*longo silêncio*).

(*Com muita vivacidade*) Bom! então eis o que eu faria, eu faria uma mancha ali (*no primeiro pequeno, à esquerda, sob a mãe*), eu não pensaria muito, eu faria uma mancha, ou então pegamos uma prancha menos estragada para que eu consiga ver se é Patte-Noire ou não, porque eu não consigo ver...".

A prancha *Fada* permitirá a Annelyse estabelecer uma recomposição narcísica e defensiva, oferecendo um discurso mais calmo no qual ela se percebe como "tendo tido sucesso no plano materno... porque meus filhos estão muito felizes", evoluindo desta vez no desmentido dos problemas que ela encontra na realidade, na qual uma pesquisa social pedida pelos pais corre o risco de concluir com a retirada da guarda das crianças.

Se, até aqui, Annelyse não podia identificar-se com uma mãe ("boa" ou "má"), se, até aqui, ela errava numa conseqüente impossibilidade de definir um lugar possível para uma criança, o desenho do *Sonho de Patte-Noire*, novamente despertando sua agressividade e sua violência, revelará ainda uma impossibilidade radical de identificar-se com a criança, sobre a qual podemos pensar originar-se numa incapacidade mais antiga, a de atravessar o registro da *preocupação materna primária*: "não posso me colocar em seu lugar". No entanto, é justamente identificando-se com o filho que a mãe pode adaptar-se a ele através dos cuidados sem os quais a existência do filho fica ameaçada. Saber intuitivo que desmente o "não posso sonhar em seu lugar", dito por Annelyse.

Se, assim duplamente dependente, por um lado pelo fato de sua imaturidade, de outro lado pela inconsciência dessa dependência, a criança parece estar à mercê da mãe, é este momento, que funda o espaço da ilusão, que Annelyse parece não ter podido criar.

Talvez fosse preciso ter uma sólida identidade feminina, não ameaçada pela maternidade, para ocupar esta posição de dissociação e retornar.

Para concluir, faremos duas observações: primeiramente, enquanto Annelyse parece estar murada numa identificação impossível que torna inoportuna a questão da separação, já que é preciso passar pelo primeiro processo para encarar o segundo, minha recusa a admitir que ela contornará também a prova do desenho do *Sonho de Patte-Noire* a conduzirá, depois de vários desvios, a se sacrificar. Aparecerão aqui, desordenadamente, rapidamente e apenas esboçados, amor: "um sonho gentil... um homenzinho com seus amigos, seus jogos..."; ódio: "ele escala a colina muito alta, pela beira, bem à beira, chove, ele está ensopado...", e ambivalência: "não sei se seria um sonho ou um pesadelo....".

A segunda observação diz respeito àquilo que a entrevista ressaltará desta relação difícil e realmente dolorosa, já que esta entrevista será inaugurada com um elemento fundamental quanto ao desejo e que por aí corresponde às questões não enodáveis para Annelyse, as da separação, da morte, da maternidade: "Os dois filhos que tive, os dois pais quiseram, desejaram o aborto... e eu, contra tudo e contra todos, os mantive... e de fato mantive os filhos e perdi os pais...".

Relação materna necessariamente patológica por ser fundada num sacrifício? Se, para a maioria dos percursos maternos, a questão do sacrifício tem a ver com a mãe e/ou com o filho, para Annelyse ela se origina na questão de um pai, isto é, na questão da relação primeira que une um homem a uma mulher, relação que está na origem de qualquer relação mãe/filho.

Se ter o filho é perder o pai, de fato há motivo para confusão, inversão, motivo para errâncias maternas em torno de um filho a quem se pode passar uma vida fazendo pagar o preço de tal sacrifício...

Tornar-se mãe

A partir das considerações clínicas propostas, pudemos ver que Annelyse esteve sempre à beira de perder seu domínio, isto é, sempre à beira de liberar a violência de seus afetos, reaparecidos com o estabelecimento das regras do teste de Patte-Noire.

Supomos que, do mesmo modo, na realidade de sua relação com seus filhos, o que é antes de tudo temido e evitado é a regressão solicitada sob todas as formas e em diferentes momentos pelos processos da maternidade. Parece que a eventualidade desses processos e, no caso, o modo com que os determinantes que as trouxeram enodaram-se logo de início à cena do "sacrifício" (abortar ou perder o pai), parece que essas eventualidades atingiram o narcisismo provavelmente rígido e frágil de Annelyse e que, em seguida, a criança também ocupou um lugar totalmente particular e delimitado.

O desejo de Annelyse, como o desejo de cada um, tem relação com o desejo do outro logo de partida. Desejo de quem? Desejo de quê? Quando a questão se coloca em termos de sacrifício da criança ou do desejo do outro e, por aí, do outro, podemos nos perguntar de que outro se trata, ainda que Annelyse dê a ele, por duas vezes, a figura de um pai. Esta *imago* de um pai potencial impossível não poderia corresponder à *imago* mais antiga e mais arcaica da mãe real, da mãe em si? Por que teria ela escolhido, por duas vezes, tal homem? Aquele que justamente estaria em posição de impedir a realização de um desejo de ter um filho e que foi preciso perder para que este filho pudesse advir? Perder, aceitar perder ou a perda inicial como a própria condição para o nascimento da criança? Mas, então, de que modo nos tornamos mães quando o processo da vida a ser transmitida repousa na perda daquele que partilhou a iniciativa da transmissão? E o que carregaria então esta criança suporte das significações inconscientes parentais? Seria surpreendente que, "carregada" desta forma, ela tenha como recurso os atos e, no corpo, os sintomas psicossomáticos?

Assim, para Annelyse, o "tornar-se mãe" origina-se na negação do desejo do outro no qual, no entanto, ela teve que se inscrever. Negação que se realiza ao preço de *sua* perda. O mal-entendido permaneceu intocado. A criança terá de haver-se com isso. A relação da mãe com o filho só pode encontrar tropeços e tornar-se, tanto para um quanto para outro, fonte de sofrimentos.

Em seguida às representações que as pranchas de Patte-Noire provavelmente reatualizaram nesse registro, foi provocada em Annelyse, por uma reação de defesa, uma verdadeira operação de sobrevivência psíquica, o bloqueio do fantasma, expresso, entre outras coisas, pelo grande número de recusas e de choques.

Tornar-se mãe se constrói. A mãe deve poder permitir-se regredir para ouvir as necessidades/desejos do bebê que ela presentemente tem, e isso, sem dúvida, numa referência ao que ela foi, sem sentir sua própria existência posta em perigo, o que a faria manter esse bebê à distância.

Como vimos, é no desvio da suspensão de uma parte de recalque, *a priori* irrisória, ou ainda na introdução de algo da dúvida, que o discurso (e o pensamento que o sustenta e permite sua elaboração) vira e restabelece que o amor materno não poderia evitar um de seus componentes, tanto o da ternura quanto o da agressividade. Do ponto de vista da (contra)transferência, não há rancor, não há julgamento, mas uma compreensão que conclui a queda das defesas. Freqüentemente as mulheres verteram lágrimas. Depois, puderam dizer-se as coisas escondidas, a ferida pôde se expressar, a queixa secreta pôde murmurar. Por exemplo, a de ser para sempre indigna, má mãe, incapaz de viver e de "dar" a vida, boa apenas para a morte; Catherine (em psicoterapia) diz "Eu só sei fazer abortos, sou incapaz de carregar um bebê até o fim, até a vida", e isto talvez por ter ferido sua mãe e não ter sabido "obrigar" sua mãe a amá-la. Catherine acrescenta: "Eu era insuportável, sempre falando para que ela me notasse, para que ela cuidasse de mim, mas só tinha para minha irmã, que era boazinha, e eu me fazia castigar".

Amor e ódio reencontrados numa pacificação das pulsões de vida e das pulsões de morte em que as primeiras mantêm seu primado frágil, amor e ódio reconciliados sem que a criança morra no real, mas ao preço da morte simbolizada como renúncia à ilusão de uma criança totalmente boa que completa uma mãe totalmente boa e então suprida, permitem à mulher dissociar os corpos, os lugares psíquicos, os registros do sexual e do materno e desimbricar as pulsões de vida e de morte para, portanto, deixar as primeiras adiantarem-se às segundas sem negá-las, como em todo ato humano por definição, e como nesse ato humanizante que é o ato materno em particular.

Na brecha anteriormente aberta pela ambivalência em relação à sua própria mãe, constroem-se bem ou mal as identificações, caminho semeado de ciladas e de conflitos intra e intersubjetivos. Entretanto, é aqui que se joga o acesso à maternidade. Destino feminino encontrando o outro desse acesso, um "pai", a quem essas identificações terão permitido ocupar, para uma mãe e para uma criança potencial, este lugar de "pai". Na falta disso, a mulher pode ficar à sombra de uma mãe arcaica da qual ninguém poderá fazê-la se livrar.

Assim, tenho ouvido, cada vez mais desde a existência da procriação médica assistida, mulheres presas nas redes dessa fusão/confusão queixarem-se de sua "esterilidade". O acompanhamento consiste num remanejo da questão, seu deslocamento do registro médico para o registro subjetivo inconsciente, numa elaboração em torno dos processos identificatórios em questão, enfim, numa liberação de sentido, de "verdade", de significância, que repousa na suspensão dos fantasmas e está articulada com aquilo que hoje esses impossíveis vêm (re)atualizar. Esse trabalho, exigindo às vezes muito fôlego, às vezes espetacularmente rápido, é convocado nas demandas relativas ao acesso à maternidade *stricto sensu* (esterilidades psicogênicas, FIV fracassadas, abortos repetitivos...), mas também no processo mais sutil e mais difícil de liberar do tornar-se mãe, mesmo tendo a criança alcançado a vida, mas quando a mãe permanece numa posição de sofrimento insustentável em que o processo materno não pode ser vivido a não ser em sua vertente depressiva ou agressiva, em todo caso culpabilizadora.

Conclusão

Se, como mostrou Winnicott, originalmente a mãe é de fato real e todo-poderosa, o "tornar-se mãe" exige que ela sustente o lugar simbólico do agente de uma frustração significante. É através da frustração que a mãe permite ao filho o acesso ao símbolo. É se o dom pode ser recusado simbolicamente que ele pode reaparecer como uma presença e referir-se a sujeitos.

Vimos de que modo o desejo que permaneceu no estado infantil poderia tornar-se capricho, isto é, o arbitrário do poder materno. Poder materno todo-poderoso contra o qual, e Victorine testemunha isso através de sua anorexia neonatal, a criança só pode opor uma pura recusa. O que, aliás, tem como efeito secundário o de inverter o contexto e colocar a mãe, por sua vez, em estado de dependência do todo-poder da criança. Portanto, de novo "inteira". Conhecemos a devoção materna à criança doente.

Se a voz paterna não vem fazer-se ouvir nesse diálogo de surdos, a relação com a criança é mortal no sentido de que nada fará da palavra, não verdadeiramente dirigida, uma língua "materna", *aquela em que podem ser enunciados os interditos edípicos*. Mãe então todo-poderosa com uma força que se tornou destruidora. Aqui parece enodar-se a patologia mãe/filho, na qual a mãe se recusa a aparecer como falha, isto é, como definitivamente não possuindo o que a criança deseja.

Vimos, através de Patte-Noire, o que possibilitou trazer à luz esses pontos fundamentais, ou seja, a regressão materna induzida pelo fenômeno da projeção e pelo conteúdo manifesto das pranchas desse teste destinado às crianças. A regressão consistiu em dar livre curso aos fantasmas incestuosos (lapsos, confusão dos registros sexual e materno), àquilo que é relativo à oralidade (pranchas que evocam o ato de alimentar), à analidade (caça às impurezas), enfim, aos lutos antigos (apreendidos, pela aplicação do teste, numa espécie de elaboração "acelerada"). Esta temática possibilitou situar como a chegada de uma criança exige novos investimentos, no caso, quando é um bebê, um investimento narcísico que visa um objeto "pertencente" à própria pessoa. O silêncio materno que envolve esse tempo de preocupação inicial mostra de que modo tal relação se basta a si mesma.

Nesse tempo do ainda quase indiferenciado, o caminho terapêutico consiste em dirigir-se justamente ao narcisismo materno, restaurando a filha que a mãe foi para que ela reabilite aquele que ela não consegue carregar, que ela ainda carrega ou que acaba de nascer. Restaurar a criança que ela foi implica escutar o que a mãe nos diz de seu próprio encontro com uma *imago* materna. Encontro que a própria forma do discurso anuncia como estando seja sob o domínio do ódio exclusivo de uma mãe onipotente ou destrutiva, seja sob o fascínio do amor de uma mãe idealizada. O caminho terapêutico vem então de uma descoberta daquilo que este ideal encerra, e vemos aparecer assim, em geral sob a forma de críticas, a agressividade infantil, e até mesmo o ódio, não expressos em seu tempo. Aqui é feito o direcionamento ao narcisismo que se desata na capacidade encontrada de desfazer-se do objeto colocando-o à distância – como uma desfusão recomeçada, uma desilusão reencontrada na experiência, podendo então ser feita a partir de seus limites próprios. A saída do ódio materno é mais difícil, pois é um processo psíquico que requer uma capacidade de julgamento, com freqüência rígida e inoperante. Sobretudo se admitirmos que o ódio sozinho só pode advir se, na origem, não tiverem se clivado os registros erótico e materno e então o discurso que sustenta esse ódio da filha pela mãe opera como uma defesa narcísica. A criança, portanto, não é mais o objeto sexual da mãe do que a mãe o é da criança.

A atualidade do materno

"A ausência, o eclipse do significante do amor é causa de ódio. É por isso que não considero o ódio como o reverso do amor, mas como sua suspensão".
Jacques Hassoun

Minhas questões clínicas atuais articulam-se à questão da metáfora paterna e poderiam tomar esta formulação: *o que hoje continua sendo metafórico, simbolizante, humanizante, inclusive numa função "paterna", num contexto clínico atual e cotidiano em que real e realidade contaminam-se reciprocamente?*

Um desvio através da psicopatologia nos possibilitará entrever algumas pistas de reflexão.

Mãe ferida e abandono

Tentamos analisar aqui um percurso materno com acentos psicopatológicos num contexto em que, seja o abandono da criança real ou imaginário, ou os dois, ele corresponde a "uma coisa impensável... inominável[1] ". Vamos supor que este "impensável" repouse numa confusão primeira que se origina na posição materna que consiste em sobrepor separação e abandono. A mãe só poderia separar-se de seu filho abandonando-o. "O filho

---

[1] C. Miollan, "Clinique de l'abandon", in *Clinique de l'abandon, Cliniques méditerranéennes*, 1988, 18-19.

que saiu desta experiência traumática transporta o traumatismo e com ele confronta o outro[2]". O traumatismo que vem de uma "clínica do abandono" poderia ter sua origem numa rejeição materna, "num desinteresse, numa resposta em oposição ou numa ausência de verbalização[3]".

A questão legitimamente colocada aqui seria a de saber o que salva a criança da psicose nas malhas de uma tal rede? Winnicott descreve um núcleo no eu da "criança abandônica", portadora, entretanto, de experiências orais satisfatórias com a mãe, mas precocemente interrompidas e que a levam, portanto, a buscar repetidamente no real objetos com a significação simbólica falha.

Nossa clínica pôde nos confrontar com o "abandono" propriamente dito da criança, no real, do lado materno, pois encontramos mulheres que fizeram uma "escolha", reconhecida pela lei como "parto sob X"*. Embora todo um fluxo de escritos sobre a criança "abandonada" tenha sido proposto à nossa análise, parece que o silêncio se estabelece realmente para essas mulheres como um eco ao anonimato. Como se o fato de dar à luz sem revelar sua identidade não autorizasse, em si, nenhuma elaboração desse ato, todavia materno. Tudo se passa como se o édipo não parasse de simbolizar o risco indomável de um destino cego e a questão do silêncio sobre a identidade materna recobrisse a questão da ignorância da origem para a criança. O que acontece e o que se torna a dinâmica do sentimento materno nas mulheres que "abandonam"? Que fantasma vem substituir a lei que permite que esse importante acontecimento na vida de uma mulher, o ato de fazer um filho, não se inscreva socialmente e, assim, simbolicamente? Podemos supor que este recalque, e até mesmo esse desmentido que faz do parto um não-ato resultarão para a criança apenas em inscrições das questões identitárias, numa confusão entre o real e o imaginário, associada a uma dificuldade de acesso ao simbólico?

No plano psicopatológico, não posso dissociar meu encontro pontual com essas mulheres de sua inscrição institucional num serviço de "mater-

---

[2] C. Miollan, *op. cit.*

[3] *Ibid.*

* Sem identificação da mãe. (NT)

nidade". Nossas observações aqui vão ao encontro das análises de C. Bonnet quanto ao que ela chama de "patologia do primeiro contato[4]". Efetivamente, esses encontros nos colocaram diante de sujeitos completamente voltados para si mesmos, com dificuldade de falar espontaneamente, respondendo por murmúrios às minhas solicitações, fixadas num impossível, o de pedir algo apenas no caso da urgência de um desamparo muito pesado ou num estado de pânico.

Este estado de urgência autêntico se inscreve em dificuldades institucionais que repousam nas representações fantasmáticas dos profissionais cuidadores onde essas mulheres ditas "sob X" são freqüentemente rejeitadas, designadas como "correntes de ar", dessubjetivando-se o processo materno na suposição de que elas vêm "apenas para expulsar", "apenas para deixar a criança", mulheres que não falam e às quais ninguém se dirige, mantendo-as assim no campo do indizível. Um dia, uma parteira, referindo-se a uma dessas mulheres, disse: "É um bebê com o qual ela nada tem a ver, já que quer abandoná-lo". O que Édipo tomou, de algum modo, ao pé da letra...

De um ponto de vista materno, parece-nos que este silêncio materno manifesto e o silêncio sobre as origens, que constituirá a herança da criança, inscrevem-se, ambos, numa impossível simbolização, num contexto em que o "impensável" do abandono para a criança encontra o "inominável" do abandono para a mãe, aquele em que se confundem, engavetam-se uma dupla separação real e uma separação simbólica. Ao corte real do parto não sucede a continuidade, mas outro corte real, o abandono. Permanecendo assim calado e suspenso, não dentro de um processo de perda, mas num corte radical, o acontecimento permanece como traumático e concordamos com C. Miollan, que faz desse acontecimento "o único acontecimento ainda identificável pela criança, dando sentido, no *après-coup*, às múltiplas agressões no vazio, por falta, defeito de linguagem, olhar, relação e amor[5]". Como elaborar representações psíquicas a partir não mais de um processo mental, mas de uma ruptura do pensamento? Tanto para a mãe quanto

---

4 C. Bonnet, *Geste d'amour*, Paris, O. Jacob, 1990.

5 C. Miollan, *op. cit.*

para o filho, parece que um luto permanece em parte não realizável, porque não repousa numa separação (simbólica), mas num corte radical (real). A não ser, inversamente, como observa C. Miollan, fazendo-se "tão bem" esse luto que este se resolve com o suicídio, correndo-se o risco de fazer, ao mesmo tempo que o luto do outro, o luto de si mesmo.

Ao lado dessas situações extremas de partos "sob X", nas quais o "abandono" da criança intervém imediatamente após o nascimento e de modo real, inscrevem-se situações em que algo de "abandono" circula de modo menos "espetacular". Quando aquilo que chamaremos mais de "rejeição" do que de "abandono", em contextos complexos e singularmente amarrados, intervém em certa idade da criança, isto questiona o desejo da mãe e coloca o problema de seus investimentos/desinvestimentos. Efetivamente, todos encontramos mães "adequadas" a recém-nascidos e que se sentiam perdidas quando "de repente" se viam diante seja de uma criança com linguagem, seja de uma criança escolarizada, seja diante de um adolescente que elas não teriam "visto crescer". Elas parecem, numa etapa ou noutra, não mais "reconhecê-lo" como sendo seu filho ou filha. O que o trabalho junto a estas mulheres em sofrimento de maternidade esclarece é, além dos elementos que se inscrevem diretamente na dimensão histórica de seu "romance familiar" pessoal (do tipo: não poder reconhecer e investir seu filho além de uma idade em que ela mesma foi, ou sentiu-se, "abandonada" por sua mãe), uma relação primária particular que contém elementos de investimento erótico maciços. Vê-se então que os efeitos traumáticos para a criança vêm tanto do "abandono" quanto deste investimento inadequado, que não fazia da criança nem um outro radical, nem um ser diferente. Este tipo de "rejeição" secundária parece se dar em períodos em que elementos externos convocam a criança a renunciar ao desejo da mãe, isto é, em situações em que o social (escola, colegas...) intervém como terceiro separador. Algo que poderia enunciar-se como "Já que ele me deixa, eu o abandono [por antecipação]", enunciado este que pode corresponder à exigência requerida para desinvestir eroticamente, narcisicamente a criança quando esta tenta emergir em sua singularidade, com acentos intoleráveis para a mãe. A rejeição materna aparece então brutalmente, proporcional ao investimento primeiro, devorador.

Os sujeitos adultos nos dirigem pedidos de psicoterapia que revelam essa vivência desviante que os encerra na repetição de relações insustentáveis em que se busca inexoravelmente um laço fusional com o outro, que só pode ser escolhido por ser paradoxalmente ausente, hostil ou rejeitador. O "capricho" materno revela que somos todos confrontados com o fantasma de abandono na qual se estruturam a experiência da alternância presença/ausência do objeto e sua clivagem em "bom objeto" que se dá e "mau objeto" que se esconde. O que, em geral, permite resolver a questão deste "abandono" fantasmático, simbolizando-o, é o pai, mais exatamente a lei do pai, que, por definição, decide assim.

Quanto menos é colocada a questão da paternidade, mais a separação é vivida como um abandono culpabilizante no sentido de que a criança imaginará que é porque ela não merece a mãe que esta se ausenta e não porque ela está relacionada ao pai.

Seja a partir do esclarecimento fundamental trazido pela descrição da "posição depressiva", a partir do estágio da "inquietude" sobre o qual Winnicott diz que instaura a compaixão na relação com o objeto, seja a partir dos conceitos de M. Mahler, para quem a separação e individuação são dois processos complementares que possibilitam à criança autonomizar-se interiormente, perdendo a ilusão narcísica de um objeto que pudesse satisfazer todos os desejos, a experiência da perda e da falta integra toda organização narcísica e objetal, tanto da criança quanto da mãe. Se a problemática da psicose da criança parece inscrever-se no registro do "demais", a do abandono parece resultar do "pouco demais". O que os efeitos de uma ou de outra dessas patologias nos evidenciam é que o processo de separação e de individuação pode encontrar-se afetado seja por falha (pouco demais), seja por excesso (demais). Nas falhas se alojam certas formas psicóticas que se ligam simbioticamente, mas também algumas fobias graves que deixam o sujeito numa luta com o horror do vazio gerado por uma separação não elaborada. Dentro dos excessos evolui o "abandonismo", associado a sintomas resultantes de estados depressivos e de desarmonias do desenvolvimento.

Se o abandono deixa uma criança passiva e impotente, o trabalho de separação autorizado pela mãe verá esse filho separar-se ativa e progressivamente do objeto integrado como para sempre perdido.

Se um excesso de presença materna, como veremos, impede a criança de pensar, uma falha de presença materna faz com que a criança mergulhe numa insegurança a partir da qual nenhuma construção subjetiva sólida pode ter apoio. Entre o abandono e o superinvestimento maternos, evolui a mãe winnicottiana, nem demasiadamente intrusiva, nem muito ausente, na origem da aquisição, para a criança, da "capacidade de estar só". Espaço de criatividade psíquica, "entre", no qual a separação pode ser pensada e, portanto, ser negociada, no qual ela pode ser representada para a criança e para a mãe como contendo a perspectiva do encontro.

O conceito de "mãe morta[6]" bem como as elaborações psicanalíticas freudianas em torno da melancolia mostram bem de que modo o impossível de uma separação pode se resolver em perda de si e em luto não realizado associado a uma culpa da criança ligada ao ódio. Do ponto de vista materno, avançamos com C. Miollan, supondo que na problemática do abandono "a criança representa o real não integrável de seus pais e é enquanto tal que ela é abandonada[7]".

Mãe "excessivamente boa" e a questão da psicose

"Não compreendo, nunca lhe faltou nada!". A Sra. V. fala de Claude, 5 anos: "Quando nasceu, era um belo bebê. Eu o amamentei alguns dias, mas ele tinha dor de barriga e vomitava o tempo todo. Senti-me culpada, levantava muito durante a noite.

– E seu companheiro, o que pensava ele sobre isso?

– Nada".

Eis aí, eu me disse, um infeliz encontro entre um sintoma, o de Claude, e uma ausência de mediação entre esse filho e sua mãe. Seria nesse lugar que a criança veio realizar a presença de um objeto real no fantasma de sua mãe?

---

[6] A. Green, "La mère morte", in *Narcissisme de Vie, narcissisme de mort*, Paris, Minuit, 1983.

[7] C. Miollan, "Enfant abandonnique, institution, prise de contact", in *Cliniques de l'abandon, Cliniques méditerranéennes*, 1988, 18-19.

A Sra. V. prossegue: "Quando ele não queria comer e vomitava, eu tentava amamentá-lo ainda assim, às vezes logo depois, pois como suportar o fato de que seu filho tenha a barriga vazia?".

O sintoma, ela nos diz ainda, durou um dia e uma noite e ela "esgotou-se para fazer Claude guardar um pouco de comida". Então, ela acha "que a criança estará melhor mais tarde". Depois, outros sintomas aparecem e somam-se às dificuldades alimentares, como acessos de febre e, finalmente, um atraso psicomotor relativamente notável. Mais tarde, Claude não falará, mas repetirá incansavelmente as palavras maternas deformadas, enunciando-lhe, sem dúvida, a injunção de alimentar-se.

Aqui se assinala a psicose da criança, neste lugar em que o sujeito parece bastar-se com o Outro materno.

Aos 18 anos, Claude foi hospitalizado para exames. Seus pais, após alguns dias de separação, estão à sua cabeceira. Os médicos encontraram uma síndrome intestinal menor que poderia ser a fonte de seus problemas. Nada grave. A equipe propõe então que Claude vá para casa, junto com seus pais. A Sra. V. nos conta então que se recusou a levar seu filho porque estava "esgotada". Ela volta cinco dias depois. Ele emagreceu, está "esgotado" e tem novos acessos de febre. Ele manifesta grande indiferença em relação a ela e se recusa a alimentar-se. Além disso, encerra-se num mutismo.

À minha repetida pergunta sobre qual seria a opinião do pai a respeito de levá-lo para casa, a Sra. V. me informa que ele nada disse, que ele não fez nenhuma intervenção.

Deixa-se cair uma criança...

Mais um fracasso da mediação paterna?

Alimentando Claude de modo obrigatório logo depois de vomitar, a Sra. V. mostra de que modo uma mãe pode dispor do corpo de seu filho.

Faço uma associação com outra mãe, a Sra. D., que veio me ver depois de muitos anos, "para falar de seu filho psicótico, Antoine", na qual eu havia visto, com o passar do tempo, um deslocamento da questão. Quando seu filho era ainda criança, ela vivia no medo permanente de sua morte e me perguntava com freqüência: "Vou perdê-lo?". Quando ele atingiu a idade púbere, confrontando sua mãe com a questão do pubertário, ela se preocupou de outro modo e começou a dizer: "se ele se tornar realmente louco, ele poderá me matar?".

Assim, do corpo de seu filho ela voltava para o seu próprio, um e outro tão confundidos. Aliás, desde sempre, no mesmo tempo e no mesmo lugar, ela se lava e o lava.

"Antoine não gosta da água. Tenho que lavá-lo, portanto.

– E o pai?

– Meu marido? Por que você me pergunta sobre ele? Ele nem tinha me passado pela cabeça!".

Quando Antoine se tornou adolescente, seu corpo foi se virilizando e sua mãe sentia terror a ponto de não poder representá-lo a si mesma a não ser como morto ou "louco trancafiado".

Tanto Claude quanto Antoine nos lembram que, através de seu sintoma, a criança psicótica oferece-se ao gozo do Outro. Quando hoje Claude se fecha a chave em seu quarto, sua mãe, preocupada, quebra a porta: intrusão materna que, na ausência do pai, faz com que Claude fique inquieto sozinho com sua mãe. O que aterroriza Claude é a proximidade do desejo da mãe. Mas qual é, então, esse corte que não chega a se inscrever? Antoine, maior do que sua mãe, corpulento, imóvel, deixa-se ensaboar as costas, como se não fosse com ele. Poderia a mãe do psicótico não ter perdido o objeto? Nesse caso, tanto Claude quanto Antoine testemunham isso, a criança pode se identificar com o objeto e assim completá-la, torná-la toda e, desta forma, tornar-se objeto ela mesma.

Testemunho de tentativas desesperadas dessas mães para estabelecer um contato com seus filhos inacessíveis, um certo tipo de relação que só consegue uma diferenciação parcelada, proponho inscrever a estrutura psicótica da criança no campo do excesso materno.

A Claude nada faltou. A Antoine, que continua a tê-los, nunca faltaram os cuidados maternos. Nos dois casos, podemos apenas remeter às mães uma imagem de "muito boa mãe". Sempre devotada à criança. No entanto, transpondo aquilo que se vê e se ouve nos primeiros tempos do cuidado materno, nos quais o discurso materno manifesto nos deixa ainda surpresos com este confronto com mães "normais", "demasiadamente normais", "demasiadamente boas", com relações mães/filhos em que aparentemente tudo vai muito bem, em que nenhuma carência é objetivável, passado, pois, esse tempo, encontramos no detalhe de uma palavra materna tropeços relacionais com freqüência camuflados por uma preocupação invasiva com a criança. Tropeços relacionais que devem ser radicalmente diferenciados dos espetaculares maus-tratos à criança.

Por exemplo, no caso de Claude, temos que situar um aspecto totalmente singular dos cuidados maternos: alimentá-lo logo após ele ter vomitado.

Winnicott dizia que "por exemplo, a perda pode ser perda de certos aspectos da boca que, para o recém-nascido, desaparecem ao mesmo tempo que a mãe e o seio, quando a separação acontece depressa demais, antes que seu desenvolvimento afetivo esteja suficientemente avançado para que ele disponha de um equipamento afetivo que lhe permita fazer face a essa perda. Alguns meses mais tarde, esta mesma perda da mãe seria apenas uma perda de objeto, sem perda de uma parte do sujeito[8]".

No caso de Claude, embora a mãe "se esgote" na dedicação ao sintoma da criança, seu estado de insegurança e de confusão se revela quando, estando seu filho hospitalizado, separado dela, ela não pode estabelecer uma relação contínua com ele e por duas vezes deixará passar quase uma semana antes de visitá-lo. A seqüência das entrevistas com a mãe de Claude esclarecerá o fato de que, com o nascimento de seu filho, ela sentiu um "grande *vazio*", fazendo referência à "perda de uma parte de si mesma, de seu corpo[9]". É o "ventre vazio" da criança que, mais tarde, não será "suportado" pela mãe.

Assim, algo desta angústia não resolvida em relação a esta "perda" parece tê-la tornado incapaz de suportar as mesmas angústias em seu filho. No hospital, Claude fica sozinho, na luta contra angústias muito insuportáveis, certamente misturadas às angústias de sua mãe, que ele não mais diferencia, e, calando-se, mostra-se "esgotado", utilizando seu corpo como se fosse o de sua mãe, no ritmo de murmúrios repetitivos das injunções maternas.

A ilusão de uma continuidade corporal permite ao par mãe/filho acostumar-se progressivamente com a idéia de separação. A deterioração do *holding* significa, por outro lado, que o bebê é deixado sem defesa contra a angústia.

---

[8] D. W. Winnicott (1958), *L'enfant et le monde extérieur*, Paris, Payot, 1978.

[9] M. Mahler, *Psychose infantile*, Paris, Payot, 1973.

Claude servia-se de seu corpo como se fosse o de sua mãe; Antoine, no banho, servia-se do corpo de sua mãe como se fosse o seu. Tanto um quanto outro protegem-se por uma ilusão de continuidade, mas nem um, nem outro consegue simbolizar esta continuidade, processo que lhes teria permitido diferenciar-se da mãe. Contrariamente, o fato de que este lugar de objeto real lhes seja devolvido em seu fantasma, isto é, de que se inscreva perfeitamente em seu desejo, em seu "capricho", algo de um "acordo" estabelecido entre eles faz a impossibilidade de desfazer-se tender para uma confusão.

Sem dúvida, o campo do excesso não dá lugar à ambivalência dos sentimentos maternos. A mãe "se torna" a criança, que "é" a mãe. O contato físico permanente solicitado pela criança psicótica e ao qual a mãe responde até o "esgotamento" assinala a invasão do corpo de um pelo corpo do outro, a invasão do espaço relacional mãe/filho por um amor que teria evitado o ódio simbolizante e reparador. A ausência de mediação paterna, tanto num caso quanto em outro, assinala e mantém a ilusão da presença materna através de comportamentos autísticos que, finalmente, "os impedem de utilizar sua verdadeira mãe[10]".

Durante uma entrevista em que a mãe de Antoine mostra-se particularmente desencorajada, ela poderá dizer: "Fiz tudo por ele, eu não existo, cuido dele sem parar. Tudo gira em torno dele, não tenho vida além dele, não compreendo por que ele é assim. Às vezes ele me dá medo. Ele não quer fazer nada quando está com raiva". Antoine parece representar para sua mãe uma parte de si mesma dominada por pulsões. Ele se recusa a aprender, pensar, falar... ela tem vergonha dessa parte de si mesma. Ainda que "mãe muito boa", com freqüência ela parece não ser tão boa quanto gostaria de ser. Restaria à criança apenas encarnar seu "fracasso"?

Mãe "excessivamente cheia de ódio" e infanticida

Há algum tempo, um "acontecimento" chamou minha atenção. Manchete de jornal[11]: "Jovem mãe atira seu bebê pela janela do quarto da

---

[10] F. Tustin, *Autisme et Psychose de l'enfant*, Le Seuil, coll. "Points", 1977.

[11] La Marseillaise, quinta-feira, 1º de fevereiro de 1996, p. 15: "Ela joga seu bebê pela janela".

maternidade". O artigo conta que a jovem mãe encontrava-se na sacada. Seu marido, "atento e afetuoso", encontrava-se no quarto, visitando sua mulher e seu filho recém-nascido. Ele então fala com ela, como relata o jornal: "Você devia entrar, está ventando, temo que o bebê sinta frio. Também acho que ele está molhado. Deveríamos trocá-lo". Com essas palavras, a mãe joga seu filho pela janela.

O que a mãe não pôde suportar em seu bebê na palavra que o significou nesse instante? Ou ainda, o que a mãe não pôde suportar em si mesma e o que provocaram a visão e o contato com seu bebê cujo corpo a ser cuidado a palavra paterna permitia-se evocar? Nesse caso, é difícil prosseguir, uma vez que não encontramos nem a mãe, nem as pessoas que a cercam.

Em que armadilha está presa a mãe que não pode garantir o *holding* à criança? O que da palavra do terceiro não funciona aqui e fracassa em proteger a mãe de seu filho e o filho de sua mãe, absorvendo a violência mortífera de seus fantasmas? As mães têm medo de suas pulsões mortíferas em relação a seus bebês e o terceiro, a função paterna, mediadora, pode vir protegê-los disso como uma garantia primeira de que a criança viverá apesar da mãe, o que teria como efeito atenuar sua culpa. A análise conhece desde sempre a violência e o ódio, ouve desde sempre os desejos de morte das mães e o vigor das pulsões de morte que operam na criança. Essa "manchete" vem nos lembrar que a maternidade não é um conto de fadas. A prova é que, nos contos, as mães são mortas: a criança corre todos os riscos, menos o de ser morta pela mãe. Assim, às vezes, a violência está em primeiro plano – o que, neste momento preciso, fez com que a agressividade se tornasse violência, confirmando com isso, ao mesmo tempo, a impossibilidade radical para esta mãe de compor com a ambivalência. Somente o "ódio", aqui desprovido de "amor", parece ter podido agir.

Se, no "corpo a corpo", indissociável do campo da psicose infantil, a mãe era "demasiadamente boa", no corte radical (materializado aqui pelo ato de jogar a criança pela janela, isto é, no real) ela parece se posicionar somente do lado de um "excesso de ódio". Aqui o amor não fez ruptura, como há pouco o ódio não pôde temperar o amor. Tanto num campo quanto em outro, a ambivalência não pôde se inscrever.

Se a mediação paterna há pouco parecia ter mais ou menos falhado, aqui ela parece existir. Aliás, a criança não está louca, ela está morta. Para garantir o *holding* à criança, é preciso que a mãe possa consagrar uma parte de suas forças, de sua energia para alimentar e conter o desenvolvimento da criança. Se ela não consegue fazer isso, a demanda da criança pode aparecer-lhe como persecutória. A clínica oferecida pelas "Aventuras de Patte-Noire" tinha dado conta destes processos maternos todo-poderosos.

Se, no campo psicótico, é o processo da separação que não pode se iniciar e condena mãe e filho à continuidade, à prolongação um de outro, a se bastarem um ao outro, no campo do infanticídio parece que o fracasso se origina na mesma impossibilidade, mas, desta vez, se resolveria numa operação no real (sem predizer nenhum achado possível). Se o processo de separação fracassa no não-corte ou no corte radical, é porque o trabalho de simbolização da perda não pôde se efetuar. Em um dos casos, parece dedicado a ser desmentido pelo comportamento materno, que protege e confirma o sintoma da criança. Em outro, a perda não se torna "falta", assinala-se e se resolve numa perda real.

No "todo-amor" e no "todo-ódio", o benefício materno parece residir na indiferenciação da criança, na ilusão infinita de que com dois pode-se definitivamente fazer um. A criança morta, tanto quanto a criança louca, é intocável. Fora do acesso ao mundo exterior, ela permanece como objeto exclusivo e real de sua mãe.

Sempre preocupada com a escrita deste texto, debrucei-me sobre aquilo que continuavam a dizer os jornais nos dias que se seguiram ao drama acima evocado. Não me surpreendi ao saber que esta mulher foi imediatamente levada para um serviço psiquiátrico, que ela não tinha nenhum antecedente neste campo, que ela formava, com seu marido, segundo a família e pessoas de seu círculo, um casal feliz, amoroso, abastado. Em resumo, este ato materno deixa o mundo todo na incompreensão e no estupor... Esta jovem mãe passará pelos tribunais e em seu relatório psiquiátrico constará um "*raptus* ansioso, incoercível durante uma depressão melancólica. Homicídio cometido em estado patológico".

Deixa-se "cair" uma criança... pela janela.

O ato veio nomear o que não tinha nome, e o que não tem nome é o ódio materno não simbolizável como amor materno.

Mãe "odiada"

Se ter um filho é quase uma obrigação no seio da maior parte das sociedades, isto faz com que as mulheres se situem na categoria das "mães". Aliás, Lacan diz: "A mulher só é reconhecida *quoad matrem*".

Mas o que constitui, finalmente, o desejo de ter um filho?

Moustapha Safouan escreve, em *Sexualidade feminina*[12]: "Podemos falar agora da maternidade como o destino 'natural' da mulher? Seria fácil escrever livros em que se acumularia o 'material' sobre a maternidade, a gravidez, a patologia da gravidez e do parto. Verificaríamos assim, a cada vez, a equação criança-pênis, ou ainda criança-coluna de excremento. Mas... esse tipo de trabalho percebe a maternidade enquanto um sintoma, isto é, em seus tropeços e escorregadelas, ou enquanto proceda de um desejo que mantém sua estruturação original como demanda do Outro. Pois o que significam as equações em questão, a não ser que a criança funciona aí precisamente como significante de uma tal demanda?... A criança, enquanto nascida sob a prevalência das imagerias (do tipo das que o *birth control* cria) é uma criança ex-voto, uma criança inutilmente propiciatória.

O essencial de nosso laço com a criança não reside, como imaginamos, apenas na ternura, esta, no entanto, certeira; mas também, e sobretudo, no fato de que *o desejo que preside o nascimento é o que autentifica ao máximo a existência do casal parental*".

A contaminação real/realidade, evocada para introduzir esse capítulo sobre a atualidade do materno, encontra vivamente esta questão da autentificação da existência. Todas as mães que acabaram de dar à luz e de quem se retira imediatamente o filho porque este se encontra em perigo vêm-se submersas num sentimento de culpa tão violento que suas referências ficam confusas.

Tendo trabalhado com mulheres soropositivas grávidas, pareceu-me que esta questão da autenticidade da existência pode se colocar de modo vital. Na representação fantasmática da futura mãe soropositiva, o filho que vai nascer será, no pior dos casos, doente e em vias de morrer e, no melhor

[12] M. Safouan, *La Sexualité féminine*, Paris, Le Seuil, 1976.

dos casos, são, mas órfão. As mulheres que são acompanhadas sabem que o filho lhes será imediatamente retirado com o objetivo de receber tratamentos preventivos que não podem esperar e que fazem apelo a uma imagem difícil de sustentar ao ser o corpo do bebê, efetivamente, submetido a tratamentos constantes durante aproximadamente seis semanas. Um elemento importante reside no fato de que este tratamento é o mesmo que é recebido pela mãe a partir da décima quarta semana de amenorréia e através de transfusões, em altas doses durante todo o parto, desde o início do "trabalho" até o corte do cordão (o último trimestre e o parto são realmente os momentos propícios para a contaminação do feto).

De transmissão em transmissão... No nascimento, a criança já aparece como dolorosa, acontece de as mães não poderem olhá-la, falar com ela, até mesmo dar-lhe um nome. O real da doença potencial e "conscientemente" transmitida vai ao encontro daquilo que parece estar aqui em suspenso; no caso, a possibilidade de investimento libidinal da mãe: como colocar este bebê num lugar ideal onde a "falicização" seria possível?

Como pode uma criança, às vezes magra, às vezes sofrendo, às vezes "em falta" (de tóxicos), ser criadora de mãe? Às vezes o silêncio se instala e perdura, numa espécie de sideração do pensamento que impede a mãe de reconhecer-se na criança e a criança de reconhecer-se na mãe. É este tempo que tento acompanhar.

O tempo da gravidez, e portanto da espera, poderia ter funcionado como um tempo de elaboração desta dupla perda que se coloca logo de início: a da criança (simbólica) e outra, eventual, da criança sã. No que diz respeito a essas mulheres que pude acompanhar nesses momentos de desamparo e angústia profundos, nem sempre é assim, e o momento do parto parece quebrar o espelho, tornar o devaneio impossível, ficando a ilusão e o sonho com freqüência mantidos no maior dos segredos, chocando-se aqui com a violência do real. Então é grande o risco de ver o bebê se reduzir a esse puro real se nada de uma palavra simbólica for capaz de acolhê-lo. Acontece de essas mulheres darem à luz sozinhas, às vezes já viúvas, às vezes solteiras. O olhar que se deposita em sua "escolha", o "desejo de ter um filho", com freqüência é malévolo, às vezes "neutro" e mais raramente compreensivo. A que remetem essas mães designadas logo de inicio como más, às vezes "odiadas"?

O trabalho com essas mães consistiu em grande parte em fazer de modo a que "isso" se ponha a pensar, depois a dizer-se. Se o olhar da mãe se desvia da criança, se a criança muito fraca e ainda muito longínqua não olha a mãe, o investimento de amor entre elas torna-se problemático. De que modo esta mãe poderia investir esta criança se ela a sente silenciosamente – sem um lugar de escuta que poderia acolher e simbolizar este afeto – como um "monstro[13]" que lhe fala de seu fracasso, sua impotência e até mesmo de sua "falta"? Ainda mais se esta vivência é substituída pelo olhar exterior que com freqüência considera essas mulheres, e os atos maternos que elas decidem realizar ("por não mais poder lutar contra o desejo de ter um filho" como explicou uma delas), como "monstruosas[14]". Num artigo sobre os fantasmas e os mecanismos relativos à Aids, A. Ruffiot[15] constata que o fantasma mais comum e mais profundo em relação a mães soropositivas é o da "mãe infectada, potencial portadora de morte". A mãe soropositiva seria assimilada a uma "mãe suja, decadente, perigosa, culpada de uma relação inconfessável, gerando a doença, o monstro, a morte": a mulher, sozinha na origem da contaminação, e a mãe soropositiva encarnando a representação de uma "má mãe" mortífera, que dá a morte onde se esperava que desse a vida. A questão fica ainda mais ampliada se, além disso, a mãe também for toxicômana...

Hoje atendo em psicoterapia algumas mulheres portadoras do VHC[16], que tinham ou têm relação com a droga, às vezes sob tratamento de substituição (metadona, bupremorfina em alta dosagem), que trazem à vida crianças que, desde o nascimento, são obrigadas a passar por um desmame em meio hospitalar. Trata-se aqui de trabalhar e de acompanhar um percurso materno e um início de vida, nomeando os atos e a separação para o recém-nascido, e de trabalhar por uma transformação do olhar social, que freqüentemente julga e impede assim qualquer processo de elaboração simbólica.

---

13 Palavra de mulher.

14 Palavra de médico-obstetra.

15 A. Ruffiot, "La pollution des mères", no *Le journal des psychologues*, 52, 1987.

16 Vírus da Hepatite C.

Pierrette, que tive a oportunidade de acompanhar antes e durante sua gravidez e que continuo a acompanhar com seu filho, hoje com 18 meses e contaminado, sempre viveu a si mesma como "perigosa e odiosa", sem dúvida dotada de um duplo terrível poder, o de dar a vida e ao mesmo tempo a morte, no real e não mais na cena organizável do imaginário. Ela se define, de fato, como "uma arma humana"... "Se não tiver um filho, eu morro", foi a primeira coisa que Pierrette disse em nosso primeiro encontro. "Se eu pudesse não ter esse desejo!". E, quando estava grávida, disse: "Desaconselho a todas as mulheres fazer o que estou fazendo; é preciso lutar contra esse desejo de ter um filho, é preciso agüentar!".

De onde vem esta decisão sempre tomada com conhecimento de causa e que pôde fazer com que Pierrette dissesse um dia: "Merda! o futuro não pode ser apenas uma porcentagem de dados[17]". Crescimento libidinal que se inscreve na perspectiva da doença grave, negação da perda que pode corresponder aqui a uma tentativa de autentificar sua existência: "Aceito que minha vida tenha um fim, mas o que eu quero é que ela tenha um sentido!"; criança de substituição, de que, de quem, filho reparador do narcisismo da mãe profundamente atingido? Além do muito defensivo "não temos o direito de pôr no mundo, conhecendo os riscos, uma criança destinada a ser doente ou a ser órfã[18]", o que traz à luz esse caso particular de "desejo" de ter um filho que desencadeia tanta violência discursiva e até mesmo física em quem encontra essas mães[19]?

O engavetamento entre o fantasma mortífero e a transmissão real de um vírus mortal parece evidenciar, brutalmente, sem mediação, fora do simbólico, a dimensão do ódio materno, aqui diretamente encarnado. Esta é então, freqüentemente, a única face que agrada reter, como cativa daquilo que este reconhecimento sem rodeios pode implicar.

---

[17] Fazendo aqui referência às informações em porcentagens dadas às mulheres em relação aos riscos de contaminação do feto.

[18] Palavra de cuidador.

[19] Ouvi, de fato, durante meus diferentes trabalhos, grande número de falas que rompiam com aquilo que um mínimo de ética humana e, mais ainda, profissional exigiria: "Deveríamos cortar os aluguéis às mães toxicômanas", "essas mulheres são assassinas".

Sabedorias

A sabedoria materna, contrariamente à loucura, teria lugar num entre-dois do "dom", entre o "demais" e o "pouco demais", entre "empanturramento" e "privação". "Entre a linguagem da ternura e a da paixão[20]...". Os efeitos dos deslizes não se situam, ao contrário das carências maternas, no campo do observável. Não dizem respeito aos cuidados, mas ao desejo da mãe.

É o discurso da mãe que acompanha comportamentos e atitudes que deve ser ouvido aqui, quaisquer que sejam o contexto e a história singular.

A sabedoria materna poderia opor-se à mãe inadequada de Winnicott. A que corresponde, efetivamente, no registro da privação, esta insatisfação que conduz uma mãe a, por exemplo, fazer de seu filho um objeto de ocupação de suas noites ou, inversamente, um objeto que só seria suportável num permanente estado de quase inércia?

Que desejo corresponde, do mesmo modo, no registro do "excesso de alimentação", à conduta que só satisfaria à mãe numa função de preenchimento, isto é, de saturação da necessidade por um objeto, relativa a uma impossibilidade de perceber que a expressão da fome é indissociável de uma demanda de amor?

Salvar seu desejo, como evocamos, consiste para a criança, nos dois casos, numa renúncia à satisfação da necessidade. "Morrer", "deixar-se morrer", mais do que "sufocar", "deixar-se sufocar", pode condensar de modo ultrajante a questão.

O "entre-dois" é o próprio espaço da ambivalência. É porque amamos uma criança que respondemos à sua demanda, mas é porque a odiamos que respondemos "quase". Enfim, é porque o movimento estaria sempre nesta dupla e mesma dimensão que não nos enganaríamos no endereço ao responder quase. Uma mãe que não pudesse sustentar tal fala organizadora do mundo e estruturante para a criança estaria sem dúvida presa na armadilha de uma angústia que a submerge. Então, fazer de seu filho seu sintoma confere um objeto à angústia. É por isso que esse sintoma é indissociável da

---

[20] J. Lanouzière, *Histoire secrète de la séduction sous le règne de Freud*, Paris, PUF, 1991.

angústia materna, na medida em que a sustenta e lhe dá corpo imaginário. A sabedoria materna consiste em poder enunciar uma fala organizadora do mundo exterior, fala que significa que as palavras da mãe vão codificar os elementos que compõem este mundo, dar-lhes sentido e possibilitar assim, à criança, assimilar e adaptar-se a seus contornos e desvios. E isso desde os primeiros tempos da vida, que consistem para a criança em "domesticar" o mundo que a cerca. À socialização da criança corresponde a organização materna de um processo de separação. Este consiste numa alternância de sua presença e de sua ausência, não tão reais quanto simbólicas, isto é, ausentar-se pode não significar partir fisicamente, mas desviar seu desejo da criança. Não é tanto a enorme proximidade da mãe que é problemática, mas a enorme proximidade de seu desejo. Assim percebidas, as ausências da mãe, quando alternadas com sua presença e seus cuidados, oferecem à criança um espaço de "criatividade" propício à sua subjetivação. É porque a mãe se ausenta que a criança terá o dever e o poder de criá-la, inventá-la, e isto graças à linguagem.

Posição feminina e posição materna não se opõem. Elas coabitam e esta reconciliação, esta pacificação requer um difícil e às vezes longo trabalho psíquico balizado por lutos para encontrar um equilíbrio a cada novo passo da criança. Este trabalho visa articular permanentemente um processo que vem rapidamente ativar um processo quase inverso: "conter" a criança, "separando-se". Pareceu-nos, no que se refere à teoria analítica bem como aos relatos clínicos que contêm e nutrem nossa prática, que esse duplo movimento, "conter" e "separar", marca de fato a ambivalência de uma dinâmica que consiste em amar a criança para contê-la, mas igualmente em odiá-la simbolicamente para dela se separar.

Se ser mãe é ser "suficientemente boa" para reconhecer as questões incestuosas contidas no processo materno, ser mãe é ser "suficientemente cheia de ódio" para não realizá-las, isto é, para separar-se da criança. Sobretudo se nos lembrarmos de que a outra face, inseparável do incesto, é o assassinato. "Incesto e assassinato são interditos no Real, e prescritos no Imaginário, para orientar simbolicamente o sujeito[21] ".

---

[21] J.-J. Rassial, Conférence à l'École des parents et des éducateurs, Marseille, 1996.

Quando se iniciam os aborrecimentos relacionais com a criança, as mães vêm nos entregar suas queixas. Eis-nos convocados em lugar de terceiros nessa inquietante proximidade que ninguém é capaz de reconhecer, convocados e recusados às vezes ao mesmo tempo, movimento estranho se não o re-situarmos imediatamente como reflexo do amor/ódio maternos, isto é, da ambivalência da mãe em relação à criança. Ficamos comprometidos em não seguir passo a passo esse trajeto, em ouvir e frustrar as armadilhas da toda-mãe empanturradora e da toda mulher privadora, ambas dedicadas a questionar indefinidamente seu próprio desejo. Não basta ocupar este lugar de terceiro entre a mãe e a criança confusa para soltá-las das redes de um desejo mortífero. Trata-se efetivamente, além disso, de compor com o "erro sobre a pessoa", de usá-lo como alavanca para desarmá-lo, de ouvir o ponto de ultrapassamento a que somos solicitados se quisermos permitir à mãe reencontrar seus limites e assim permitir à criança escapar ao excessivo materno para encontrar por ela mesma, no interior de si mesma, seus próprios limites. Ela nos convoca no relativo à impossibilidade de seu desejo, devemos desvelar e ouvir isso. A nós será pedido que possamos ouvir que para uma mãe o nascimento encobre a alteridade, como uma doença, e que às vezes, confrontada com a experiência da perda de limites e da angústia que a acompanha, a mãe pode vacilar.

Se Édipo cometeu incesto e assassinato, na origem, Jocasta deu Édipo para matar. Ela poderia ter escolhido não dar crédito às falas do oráculo...

Na Itália, em 1923, as mães passavam cuidadosamente as camisas negras de seus filhos, olhando-os com orgulho quando partiam para morrer e/ou matar ao lado de Mussolini, encontrando talvez no fascismo a própria legitimação de seu ódio.

Inversamente, na Argentina e no Chile, as mães "loucas" reverenciam os filhos expondo ao perigo suas próprias vidas. E as mães francesas atam-se nos trilhos para impedir os trens de transportar seus filhos para a Argélia.

Se, de um lado e de outro, o ódio originário é o ódio materno e não o ódio da criança, o que, deste ódio, por um lado se resolve num abandono da criança e, de outro, parece simbolizar-se em amor?

Conclusão
O materno e o desvinculamento social

"Se todas as mães da Europa e da América
também as da China e talvez de alhures
que guardam até a morte em seus ventres
o espaço sensível em que se alojavam seus filhos
Se todas as mães do mundo com o pingente
de mágoa preso em seus corações
Fossem, batalhões de cabelos grisalhos,
curvadas de amor e dignas do futuro do mundo
Fossem tomar os filhos guerreiros pela mão
Oh, isto seria um sinal um sinal".
Guy Lévis Mano

Concluir sobre o materno e o desvinculamento social nos leva ao centro da atualidade do materno e nos permite deslocar falas proferidas no julgamento, no desprezo ou no ódio, social desta vez. Questionemos mais o que a contaminação real/realidade cobre. Para isso, é preciso tentar definir os termos desse processo que hoje opera.

Que quadro conceitual pode conter a palavra e sua interpretação quando, ali onde estávamos prontos para ouvir o fantasma, no caso materno, e seus efeitos comportamentais determinadores do que está em jogo numa relação com a criança, vem fazer irrupção, não elementos de realidade, mas aquilo que, do real, social, médico, político, transforma essa realidade e confunde as referências transferenciais por um lado, e, por outro, a cena psíquica intersubjetiva?

Nossa clínica testemunha de situações politraumáticas em que algo do real transforma a relação mãe/filho e dá lugar a uma outra realidade em que a parte do fantasma é difícil de desimbricar, em que os movimentos pulsionais confundem-se e se sobrepõem, em que os sintomas não resultam mais das metáforas, em que seus efeitos inscrevem-se nos corpos, em que as associações do pensamento se interrompem, cristalizam-se aquém do sujeito e às vezes são entrave para a via de uma elaboração psíquica, qualquer que seja ela, por falta de um remetimento metafórico de um significante a um outro possível, e instalam o sujeito numa dialética louca na qual os traços daquilo que chamávamos "loucura das mães" atualizam-se e entram em cena num lugar que não contém mais nem mesmo a passagem ao ato. Aludimos aqui a tudo aquilo que hoje, do trauma inscrito no real, produz, em si, uma nova realidade na qual o sujeito assim cativo perde suas possibilidades associativas, simbolizantes, humanizantes.

Situações em que a lei é "fora-da-lei" e por aí induz efeitos exatamente inversos dos que vão no sentido de uma subjetivação do ser.

Situações em que um elemento externo, por exemplo, um vírus, infiltra-se no centro de uma encenação da "loucura" materna mais numa espécie de desafio, mais numa espécie de sacralização de gozo mortífero do que num projeto de pôr em vida.

Situações em que a ausência de metáfora vem desinscrever um sujeito da dinâmica vital desejante na qual um corpo começa a circular como uma mercadoria, um objeto real.

Situações em que não é a lei do pai, mas a não-lei social que não separa a criança da mãe, no sentido de uma separação do sujeito e do gozo do Outro, deixando, indo até no sentido de um encontro de dois seres, mas corta, cliva radicalmente os seres em questão, aquém de um trabalho de elaboração psíquica necessária, significante e, por aí, estruturante.

Hoje, minha prática clínica me conduz a lugares em que corpos estão doentes, magros, fracos e até mesmo apodrecem e se desfazem, constantemente imóveis, inertes, substituições impossíveis de uma palavra que continuaria a sustentá-los como corpos desejantes. Faço aqui alusão a psicoterapias que realizo com mulheres soropositivas com vih ou aids, com as quais as entrevistas se passam nesses locais de tratamento dos corpos, por suas demandas, demandas possíveis de enunciar sem dúvida porque se inscrevem em meu próprio desejo de deslocamento, certamente geográfico, mas sobretudo conceitual, psíquico, deslocamento transferencial do qual tomamos a iniciativa.

Neste caso, o que vem me dizer uma mulher contaminada, "infectada", quando ela enuncia "quero ter um filho"? Se, como todas, ela está presa à problemática ambivalente universalmente materna cuja existência eu suponho, o que fazer com o que do real de um vírus engaveta-se no fantasma e invade às vezes quase exclusivamente a cena da transferência? Convocada subjetivamente a ouvir a questão subjacente a esse engavetamento, os efeitos sintomáticos dessa colusão, poderíamos permanecer éticos ao evitar, em nome de uma ortodoxia tornada imprecisa, ouvir também que dois registros operam ao mesmo tempo? Aquele, nesse caso, do gozo materno convocado em cada uma que atravessa a "experiência extrema" da maternidade e que talvez se duplique por uma captura no horror.

Fantasma e real articulam-se em torno das pulsões de vida, das pulsões de morte, das pulsões agressivas, tornando, às vezes por muito tempo, não desatáveis frustração, privação e castração. Nesse lugar onde se experimenta o limite do clínico, o olhar se desloca e leva em seu novo sulco uma escuta em que o desejo de analisar é convocado e se situa além da palavra e da interpretação. Nesses mesmos hospitais, a escuta permanece analítica e nisso não pode estar surda à mãe que vela o filho doente, àquilo que esta mãe evoca no registro da regressão induzida pela doença e que reaviva para ela uma posição maternante que ela acreditou ter ultrapassado, àquilo que comporta de ilógico para uma mulher de 60 anos ter que pôr fraldas num filho de 25 anos que voltou a um estágio (crono)logicamente impensável, ao fato de que esses dizeres maternos, marcados de sofrimento, de culpa, de ódio e de amor, de ambivalência, enunciam-se enquanto uma mãe "enrola um baseado" para seu filho, recusando-se, ao mesmo tempo, a receber seus excrementos, o que no entanto apenas uma mãe pode fazer, mas que aqui confrontam-na de muito perto com a revivescência de suas pulsões eróticas em relação à "criança".

Fora disso, como utilizar as referências conceituais contidas nessa pesquisa quanto ao amor e ao ódio maternos, inscritos logo de início no ato de alimentar a criança, que assim alimentada, satisfeita, torna-se sujeito por não receber unicamente alimento, como utilizar esse quadro do pensamento diante de uma mãe africana que amamenta seu filho, em sã consciência, com leite contaminado, porque sem isso ele morre de fome no real?

Como continuar a ouvir uma mãe que diz "dar a morte", "dando a vida" *realmente*?

Como articular nossas hipóteses numa situação em que a mãe vende o corpo de sua filha? Como elaborar e analisar as etapas do luto e da perda para transformá-las em falta estruturante quando uma criança nasce hoje de uma mãe que, em nome da "lei", será expulsa e assim separada do bebê[1] ?

A questão "e o pai?" e aquilo que ela cobre recoloca-se aqui de modo mais agudo e mais amplo na medida em que nada mais de metafórico vem humanizar a criança, isto é, organizar um mundo que se tornou fora da realidade. Se a lei social não confirma a lei simbólica, sendo ela mesma simbolizante e subjetivante, ela se transforma em regulamento arbitrário, isto é, em "capricho", no qual algo do pai se apaga e dá lugar a um gozo arcaico, e até mesmo paranóico, cujos efeitos mortíferos e dessubjetivantes conhecemos. A morte do símbolo parece acarretar hoje a morte do sujeito, a ausência de possibilidades de associações metafóricas interrompe a cadeia significante e vê o pensamento se fixar e o sujeito se calar. Ali onde se ausenta a possibilidade de dissociar o real e a realidade simbolizando o primeiro, começa a reinar a angústia pura e maciça, e pior, o horror, e até mesmo o terror.

Hoje, são também mães presas nesses processos loucos que dessimbolizam, desmemorizam, desumanizam os sujeitos de uma geração a outra, e que eu ouço. Quando, por "sorte", elas ainda podem me dirigir uma demanda...

Se a "verdadeira função do pai é a de unir um desejo à lei", de que modo pode ela ainda operar e que sentido pode tomar a aliança de um desejo aniquilado e de uma lei "fora-da-lei"? Pois, para ir mais longe, de que criança continuamos a falar? De que criança se trata? O que vê esta criança? Como ela vê sua mãe? O mundo? A lei?

Todas essas questões me são colocadas hoje em minha prática e em meu olhar para o mundo no cotidiano. Proponho uma reflexão sobre elas porque se inscrevem onde esta pesquisa revela seus limites teórico-clínicos.

---

[1] Faço alusão aqui às situações absurdas em que podem se encontrar aqueles que chamamos de "sem papéis".

Elas não cessam de questionar estes limites e de tentar empurrá-los se estivermos de acordo em continuar desejando analisar numa prática resolutamente ética. Prática esta que será talvez preciso reposicionar, (re)inventar a cada palavra enunciada ou estrangulada por permanecer no campo de um inominável.

Bibliografia

ANZIEU, D. 1970. *Les Méthodes projectives*, Paris, PUF.

BENHAÏM, M. 1992. *La Folie des mères*, Imago, 1998.

BION, W. R. 1962. *Aux sources de l'expérience*, Paris, PUF, 1979.

BONNET, C. 1990. *Geste d'amour*, Paris, O. Jacob.

CORMAN, L. 1961. *Le Teste de Patte-Noire, une dynamique nouvelle de la projection*, Paris, PUF.

DOLTO, L. 1981. *Au jeu du désir*, Paris, Le Seuil.

DOLTO, F. 1984. *L'image inconsciente du corps*, Paris, Le Seuil.

DOLTO, F. 1986. *La Difficulté de vivre*, Vertiges du nord/Carrère.

DOR, J. 1989. *Le Père et sa fonction en psychanalyse*, Point Hors Ligne

DURAS, M. 1958. *Moderato Cantabile*, Paris, Minuit.

FREUD, S. 1905. *Trois Essais sur la théorie de la sexualité*, Paris, *Gallimard*, coll. "Idées", 1962.

FREUD, S. 1910. *Un souvenir d'enfance de Léonard de Vinci*, Paris, Gallimard, coll. "Idées", 1977.

FREUD, S. 1932. "La Feminité", in *Nouvelles Conférences d'Introduction à la psychanalyse*, Paris, Gallimard, coll. "Idées", ed. 1984.

GREEN, A. 1983. "La mère morte", in *Narcissisme de vie, narcissisme de mort*, Paris, Minuit.

GUTTON, Ph. "Essai sur l'économie de la relation mère-nourisson", *Psychanalyse à l'université.*

GUTTON, Ph. 1991. *Le Pubertaire*, Paris, PUF, "Le fil rouge".

HASSOUN, J. 1979. *Fragments de langue maternelle. Esquisse d'un lieu*, Paris, Payot.

KLEIN, M. 1932. *La Psychanalyse des enfants*, Paris, PUF, 1959.

LACAN, J. 1955-1956. *Le Séminaire*, Livre III, *Les Psychoses*, Paris, Le Seuil, 1981.

LACAN, J. 1966. "Le stade du miroir comme formateur de la fonction du Je", in *Écrits*, Paris, Le Seuil.

LANOUZIÈRE, J. 1991. *Histoire secrète de la séduction sous le règne de Freud*, Paris, PUF.

LECLAIRE, S. 1975. *On tue un enfant*, Paris, Le Seuil, coll. "Points".

MAHLER, M. 1973. *Psychose infantile*, Paris, Payot.

MELTZER, D. 1984. *Le Développement kleinien de la psychanalyse*, Bayard.

MIOLLAN, C. 1988. "Clinique de l'abandon", in *Clinique d l'abandon, Cliniques méditerranéennes*, 18-19.

MIOLLAN, C. 1988. "Enfant abandonnique, institution, prise de contact", in *Clinique del'abandon, Cliniques méditerranéennes*, 18-19.

RASSIAL, J.-J. 1996. *Le passage adolescent. De la famille au lien social*, Érès, "Actualité de la psychanalyse".

REVAULT D'ALLONES, C. 1991. *Être, faire, avoir un enfant*, Paris, Petite Bibliothèque Payot, "Documents", 1994.

RUFFIOT, A. 1987. "La pollution des mères", in *Le Journal des psychologues*, 52.

SAFOUAN, M. 1976. *La sexualité féminine*, Paris, Le Seuil.

This, B. 1980. *Le Père:acte de naissance*, Paris, Le Seuil.

TUSTIN, F. 1977. *Autisme et psychose de l'enfant*, Paris, Le Seuil, coll. "Points".

WINNICOTT, D. W. 1951. *De la pédiatrie à la psychanalyse*, Paris, Payot, 1969.

WINNICOTT, D. W. 1957. *L'enfant et sa famille*, Paris, Payot, 1978.

WINNICOTT, D. W. 1958 *L'enfant et le monde extérieur*, Paris, Payot, 1978.

WINNICOTT, D. W. 1971. *Jeu et réalité*, Paris, Gallimard, 1975.

Companhia de Freud
editora

OBRAS PUBLICADAS

- Psicanálise e Tempo
  Erik Porge
- Psicanálise e Análise do Discurso
  Nina Leite
- A Clínica do Escrito
  Jean Allouch
- Mal-Estar na Procriação
  Marie-Magdeleine Chatel
- Marguerite ou "A Aimée" de Lacan
  Jean Allouch
- Revista Internacional nº 1
  A Clínica Lacaniana
- A Criança na Clínica Psicanalítica
  Angela Vorcaro
- A Feminilidade Velada
  Philippe Julien
- O Discurso Melancólico
  Marie-Claude Lambotte
- A Etificação da Psicanálise
  Jean Allouch
- Roubo de Idéias?
  Erik Porge
- Os Nomes do Pai em Jacques Lacan
  Erik Porge
- Revista Internacional nº 2
  A Histeria
- Anorexia Mental, Ascese, Mística
  Éric Bidaud
- Hitler – A Tirania e a Psicanálise
  Jean-Gérard Bursztein
- Littoral
  A Criança e o Psicanalista
- O Amor ao Avesso
  Gérard Pommier
- Paixões do Ser
  Sandra Dias
- A Ficção do Si Mesmo
  Ana Maria Medeiros da Costa
- As Construções do Universal
  Monique David-Ménard
- Littoral
  Luto de Criança
- Trata-se uma Criança – Tomos I e II
  Congresso Internacional de Psicanálise e suas Conexões – Vários
- O Adolescente e o Psicanalista
  Jean-Jacques Rassial
- — Alô, Lacan?
  — É claro que não.
  Jean Allouch
- A Crise de Adolescência
  Octave Mannoni e outros
- O Adolescente na Psicanálise
  Raymond Cahn
- A Morte e o Imaginário na Adolescência
  Silvia Tubert
- Invocações
  Alain Didier-Weill
- Um Percurso em Psicanálise com Lacan
  Taciana de Melo Mafra
- A Fantasia da Eleição Divina
  Sergio Becker
- Lacan e o Espelho Sofiânico de Boehme
  Dany-Robert Dufour
- O Adolescente e a Modernidade
  Tomos I, II e III
  Congresso Internacional de Psicanálise e suas Conexões – Vários
- A Hora do Chá na Casa dos Pendlebury
  Alain Didier-Weill
- W. R. Bion – Novas Leituras
  Arnaldo Chuster
- Crianças na Psicanálise
  Angela Vorcaro
- O Sorriso da Gioconda
  Catherine Mathelin
- As Psicoses
  Philippe Julien
- O Olhar e a Voz
  Paul-Laurent Assoun
- Um Jeito de Poeta
  Luís Mauro Caetano da Rosa
- Estética da Melancolia
  Marie-Claude Lambotte
- O Desejo do Psicanalista
  Diana S. Rabinovich
- Os Mistérios da Trindade
  Dany-Robert Dufour
- A Equação do Sonhos
  Gisèle Chaboudez
- Abandonarás teu Pai e tua Mãe
  Philippe Julien
- A Estrutura na Obra Lacaniana
  Taciana de Melo Mafra
- Elissa Rhaís
  Paul Tabet
- Ciúmes
  Denise Lachaud
- Trilhamentos do Feminino
  Jerzuí Tomaz
- Gostar de Mulheres
  Autores diversos
- Os Errantes da Carne
  Jean-Pierre Winter
- As Intervenções do Analista
  Isidoro Vegh
- Adolescência e Psicose
  Edson Saggese
- O Sujeito em Estado Limite
  Jean-Jacques Rassial
- O que Acontece no Ato Analítico?
  Roberto Harari
- A Clínica da Identificação
  Clara Cruglak
- A Escritura Psicótica
  Marcelo Muniz Freire
- Os Discursos e a Cura
  Isidoro Vegh
- Procuro o Homem da Minha Vida
  Daniela Di Segni
- A Criança Adotiva
  Nazir Hamad
- Littoral
  O Pai
- O Transexualismo
  Henry Frignet
- Psicose, Perversão, Neurose
  Philippe Julien
- Como se Chama James Joyce?
  Roberto Harari
- A Psicanálise: dos Princípios Ético-estéticos à Clinica
  W.R. Bion – Novas Leituras
- O Significante, a Letra e o Objeto
  Charles Melman
- O Complexo de Jocasta
  Marie-Christine Laznik
- O Homem sem Gravidade
  Charles Melman
- O Desejo da Escrita em Ítalo Calvino
  Rita de Cássia Maia e Silva Costa
- O Dia em que Lacan me Adotou
  Gérard Haddad
- Mulheres de 50
  Daniela Di Segni e Hilda V. Levy
- A Transferência
  Taciana de Melo Mafra
- Clínica da Pulsão
  Diana S. Rabinovich

- Os Discursos na Psicanálise
  Aurélio Souza
- Littoral
  O Conhecimento Paranóico
- Revista Dizer - 14
  A medicalização da dor
- Neurose Obsessiva
  Charles Melman
- A Erótica do Luto
  Jean Allouch
- Um Mundo sem Limite
  Jean-Pierre Lebrun
- Comer o Livro
  Gérard Haddad
- Do Pai à Letra
  Hector Yankelevich
- A Experiência da Análise
  Norberto Ferreyra
- A Fadiga Crônica
  Pura H. Cancina
- O Desejo Contrariado
  Robert Lévy
- Psicanálise de Crianças Separadas
  Jenny Aubry
- Lógica das Paixões
  Roland Gori
- Um Narrador Incerto, entre o Estranho e o Familiar
  Lucia Serrano Pereira
- Gide-Genet-Mishima
  Catherine Millor
- Dependência Química na Adolescência
  Hélio Fernandes Mattos
- O Sexo Conduz o Mundo
  Colette Chiland
- Um Homem de Palavra
  Nazir Hamad
- A Arte de Reduzir as Cabeças
  Dany-Robert Dufour
- Poetas, Crianças e Criminalidade... Sobre Jean Genet
  Alba Flesler / Claudio Martyniuk / Fernando Sabsay / Isidoro Vegh
- A Paixão do Sujeito Freudiano
  Bernard Penot
- Clínica Lacaniana: As Homossexualidades, Revista Internacional n. 2
- A Escola do Sujeito
  Claude Dumézil
- A Significação do Falo
  Diana Rabinovich
- A Angústia e o Desejo do Ouro
  Diana Rabinovich
- O Próximo
  Isidoro Vegh
- Sombra do Teu Cão
  Jean Allouch
- Crueldade no Feminino
  Sophie de Mijolla-Mellor e Julia Kristeva
- A Descoberta de João
  Marcelo Pio da Costa
- Separações Necessárias
  Emilio Rodrigué
- Os Nomes Indistintos
  Jean-Claude Milner
- Lacaniana I
  Moustapha Safouan
- Psicanálise e Saúde Mental
  Sonia alberti e Ana Cristina Figueiredo (org.)
- O Caminhante Analítico
  Victor Smirnof
- Figuras do Real
  Ginette Michaud
- Do Amor do Outro ao Amor de Si
  Patrick Delaroche
- A Topografia de Lacan
  Jean-Paul Gilson
- O Conhecimento Paranóico
  Revista Litoral
- Letra e Pulsão de Morte
  André Green
- Enigma do Incesto
  Laure Rozen
- O Inferno do Dever
  Denise Lachaud
- A Quarta Mulher
  Paul Tabet
- Lacaniana II
  Moustapha Safouan
- Dez Conferências de Psicanálise
  Moustapha Safouan
- Estados de Abandono
  Jacques André
- Transferência e Estados Limites
  Jacques André
- Da Paixão
  Jacques André
- A Anatomia da Terceira Pessoa
  Guy Le Gaufey
- A Criança no Espelho (Freud Wallon Lacan)
  Émile Jalley
- A Violência na Adolescência
  Pierre Kamerer
- Para uma Clínica do Real
  Isidoro Vegh
- O Fracasso do Fantasma
  Silvia Amigo
- As Figuras do Real
  Patrick Delaroche
- A ambivalência Materna
  Michele Benhaim
- Oriente Médio: Povos Autoritários Sociedades Bloqueadas
  Philippe Draz Vincent
- Dicionário da Sexualidade Humana
  Philippe Brenot
- Dicionário da Justiça
  Loïc Cadiet
- O Jornalista e seu Poder
  Gerard Spitéri
- Michel Foucault: a Inquietude da História
  Mathieu Potte-Bonneville
- O Sexo do Mestre
  Jean Allouch
- Psicoterapia-Psicanálise-Didática 1 – debates
  Analyse Freudienne Presse
- Psicoterapia-Psicanálise-Didática 2 – debates
  Analyse Freudienne Presse
- A Pulsão de Morte
  Michel Plon (org.)
- A Crueldade no Feminino
  Sophie de Mijolla-Mellor
- Por Que Não Há Relação Sexual?
  Roberto Harari
- A Saúde Totalitária
  Roland Gori
- A Morte de Deus
  Dany-Robert Dufour
- O Espelho do Artista
  Yolanda Freyre
- Nietzsche e o Demônio do Meio-dia
  Jean-Baptiste Botul
- Fim da Picada
  Guilherme Knabb
  Mariana Friedheim
- Psicanálise de Pais
  Durval Checchinato
- Separações Necessárias
  Emilio Rodrigué
- Reflexões Sobre a Questão Gay
  Didier Eribon
- "Inseto"
  Claire Castillon
- A Lógica do Gênero
  Laure Murat
- No Reino das Mulheres
  Irène Frain
- O Inestimável Objeto da Transmissão
  Pierre Legendre
- Enigma do Incesto
  Da fantasia à realidade
  Laure Razon